僕にもできた！国会議員

山本太郎

取材・構成　雨宮処凛

目次

装丁／倉地亜紀子
カバー装画／雨宮処凛
【　】内の文は、雨宮処凛

まえがき

山本太郎

あなたが最近「死にたい」と思ったのはいつだろうか？

私は10分前だったかもしれない。

あなたはどうだろうか。


２０１７年の自殺者は2万１３２１人。

この状況について、厚生労働省は平成30年版『自殺対策白書』の中で、15歳から34歳までの若い世代で死因の第1位が自殺となっているのは、先進国では日本のみであり、その死亡率も他の国と比べ高いものとなっている、と記している。

過去1年以内の自殺未遂経験者は、推計53万５０００件にも及ぶ（日本財団調査から）。

この数字に含まれていない人々もいるとするなら、どれくらいの死にたい人々がこの国に存在するのだろう。


この世は地獄、と言っても差し支えないだろう。

その地獄を軽減するために政治がある。

でも、政治が機能していなければ、地獄は深まる。

私たちは今、死にたくなるような国、社会で生きている。


先に述べた、私が死にたいと思ったのは、10分前だったかもしれない、について。

いつから死にたくなったか。

思春期の時期に死にたいと考えて以降、コンスタントに死にたいと考える時期はしばらくやってこなかった。

今の仕事（国会議員）について、死にたいという気持ちが現れるようになった。その原因が何か、考えてみた。

ざっくりと私が死にたい理由を割合にすると、仕事の大変さからくる死にたい気持ちが50％。

これはどの職業に就いていても、自分のキャパ以上のことをやる際には、つきまとう現実逃避型のものだと思っている。役者をやっているときにも、どんなに撮影の準備をしていても、緊張に押しつぶされそうな瞬間に湧き上がってきたものと同じタイプだ。

残りの50％は、半分ずつに分かれる。

政治家になる前の自分が生きるに値したか、を問うたときに死にたくなるのが25％。

政治に関わる前の自分はあまりにも無知で未熟だった。自分の人生のことしか考えてこなかった。その結果、悲惨な社会を作るお手伝いをしてきたという、これまでの無関心な自分を振り返った時の死への願望だ。社会に存在する問題の全てと繋がるのが政治。

世間知らずの自分がひとつずつ問題を知っていく過程で、自分は生きていてもよい人間だったのか？

と死にたくなる。

例えば、ＤＶの問題。暴力を振るう行為がＤＶなのだろう、とフンワリ考えていたことが、その問題についてレクチャーを受け知っていくと、発言や態度までもＤＶに含まれることを理解する。過去の自分を振り返るとき、機嫌の悪い時には、語気が強まったり、不機嫌な態度をとったこともあった。自分もＤＶ加害者だったのでないかと気づかされる。

広い分野において少しずつ知るたびに、過去の自分と向き合い、心をえぐられる思いになる。世の中のことを知れば知るほど、過去の自分を振り返ると、程度の差はあれ、加害の側の一部だったと死にたくなる。

残りの25％は、無力感。

数々の問題や生きづらさを知り、それを変えられるはずの場所にいながら、ほとんど動かせない無力な自分を確認するたびに死にたくなる。

７００人以上いる議員の半数を動かせなければ、物事は進まないのだから、たかが一議員でできることは限られているのは当たり前だ。

でも苦しんでいる人々の声をじかに聞き、なんとかしたい気持ちと一歩も進まない現状の間で無力な自分に死にたくなる。

死にたい理由の50％。

その半分は、ひどい現状を知った自分の痛みであり、半分は政治の場にいながらそれを動かせない無力感。

そんなに死にたければ、さっさと逝ってください、こちらには影響ありませんから。そう思った方もいるだろう。

でも、「死ね」と言われると、生きたい気持ちが湧いてくる。

まだやり残したことがあるという意地がある。

死にたいと普通に考える社会を変えたいという思いがある。

あなたの税金で食わせている国会議員の一人が、どのような6年を過ごしていたか、チェックしてください。

この本を読めば、私が「死にたい」と思った気持ちの半分くらいは理解してもらえるかもしれない。

この6年間を、一緒に振り返っていただけませんか？

序章　議員になってからを振り返る
――何がわからないかもわからなかった6年前

【2013年7月、参議院議員・山本太郎が誕生した。得票数、66万6684票。無所属。新人。職業・俳優。この時、38歳。まずは太郎に、議員になってからの日々を振り返ってもらおう。】

「変えたい」という気持ちだけで来たでしょ？　それが政界の中に入って、「いや、ほんまにわかってないねんな」という自分に直面した。何がわからないかということを整理することさえできない。すべてがわかりません、という状態からのスタートでした。

政党所属であれば教育してもらえるでしょうけど、無所属だから、教えてくれる人もいない。国会議員になったはいいけど、プロが事務所に一人もいない状態（笑）。全員素人《しろうと》。事務方については、選挙のボランティアで手伝ってくれていた人がついてくれて、秘書の一人は、2012年の選挙の時から手伝ってくれていたブロガーの人がなった。構成がよくわかんないっていうか（笑）、全員が、くじ引きで当たってここに来たみたいな連中。議員も含めて（笑）。

だから**「時間がない、議事堂へ走れー！」ってみんなで逆方向に走っていたりとか**。そういうところからのスタートでした。

自分の中で、これはしんどいことになりそうだなと思ったのは、初登庁の日だったと思うんですけど、その日の終わりに、雨宮さんが貧困問題に詳しい――今から考えたらすごい顔ぶれですよ――いろんな人を集めて、レクチャーを受けるという時間を作ってくれたんですね。

生活保護の問題、労働問題、最低賃金の問題。それぞれがスペシャリストで、政策秘書に迎えたいくらいの人たちを揃えてくれて。レクチャーが始まったんですけど、言ってる意味がわかんない（笑）。

【その日、現場にいた私（雨宮）はレクチャーが始まってすぐ、太郎の様子がおかしいことに気がついた。ノートとペンを持っているのに、まったくメモをとっていない。目がうつろで端から見てもほとんど意識が飛んでいる。その日の話は生活保護法の改正や生活困窮者自立支援法などについてのもので、確かにレベルは高かった。】

要点をメモろうと思うけど、何が要点なのかもわからない（笑）。いやー、これは困ったなーと思いましたね。いろんな知識が自分の中に入ってきて、それを活用できるというイメージがまったく湧かない。当然ですよね。だって目の前で言ってることが「なんの話ですか？　イチから教えてもらっていいですか？」という感じなんで。だからかなり噛み砕いて教えてくれたんですけど、それでも全然ついていけない。無理ですよ、ということが皆さん空気でわかってくるわけですね（笑）。ポカーンとしてて「わかりません」という話で、「ああなるほど、これは**小6に教えてるつもりだったけど、小1だった**」みたいな（笑）。そんなところからのスタートだったわけですね。

でも、そこに対して落ち込んだりっていう暇もないほどのスケジュールでした。

よく「人生もう一度やり直せるとしたら、いつに戻りたいですか？」って質問あるでしょ？　僕、一切ないんです。戻りたくない。だってもう一回あの時の気持ちを味わうんですよね？　いらん。参ったな、この知識が自分のモノになって戦えるようになるの、これアジャストするのどれくらい時間かかるんだろう、と。そのイメージもまったく湧かない。でももう始まっちゃってるわけですもんね、自分のキャリアが。地獄ですよ、地獄（笑）。時間なんか戻らなくていい。

【しかし、勘のいい太郎が「化け」始めるのは早かった。様々な専門家と猛烈な勢いで会い、猛烈な勢いでレクチャーを受け、国会質問は場数を踏むほどブラッシュアップされていった。安保法制の際の鋭い質問を覚えている人も多いだろう。

私自身も専門家を紹介したりする中で、太郎自身が確実な手応えをつかみ、国会議員という仕事がどんどん面白くなっている様子が伝わってきた。その姿はまさに「水を得た魚《うお》」。それでも、この6年間で辛いことはたくさんあったはずだ。】

議員になってからのこの6年間で一番辛《つら》かったことは……。なんやろな。すぐに思い出せない、ということは辛くないのかな。麻痺してるだけか（笑）。「何が辛かったですか？」と聞かれて「これが辛かった」と言えることが何もない。全部辛いんだよ、としか返しようがない（笑）。無理やり探して言うなら、地味に辛いのが、朝決まった時間に起きて、という会社員の皆さんがやってること。

芸能界での生活スタイルは、撮影が朝早い時もあるけど、深夜スタートの時もある。仕事の始まりは毎日バラバラ。けど今は、間違いなく朝起きて遅れずに行かないといけないというプレッシャー。

世間では当たり前のことが一番辛いかな。

【前の芸能の仕事と今の仕事、どっちがハード？　そう聞いてみると、即答した。】

紛れもなく、今。おまけに前より給料も安い（笑）。みんな「国会議員いい給料もらって」って言うけど、いやいやいや、と思う。前の仕事の方が良かったから。しかも今、貯金なんかできませんからね。

議員活動を真面目にやっていたら、貯金なんかできないほどの支出が出る。そう考えたら、本当に気持ち以外でやれる仕事じゃないなと。気持ちが途切れた時が終わり、という仕事です。

普通に会合に出る時も、飲食代は計上しませんから。いろんな大臣が超高級ワインを開けたり一晩で何十万、何百万使ったり、そういうのを政治資金から出しているんですけど、うちはしないんですよ。それをやったら貯金できるんでしょうけど。会費2万円とかの政治資金パーティーなんかもやっていません。僕に寄附してくれる人たちの生活を考えたら、外食一回諦めてとか、ランチを我慢してとか、そういう人たちからお金を頂いているわけですから。

この前、街宣してたらグッときたことがあって。

地方から出てきたばかりという女性が、たまたま駅前での街宣を聞いてくれて、公的住宅の必要性の話に共感してくれたみたいなんですね。それでパン屋へ買いに走って、あんぱんをひとつ、差し入れてくださった。

別の日には、同世代の男性が、涙ながらに話してくれました。

「自分も含め、周りは生活が厳しい。なんとか救ってください。世の中を変えてください」と。その人はカバンの中から缶チューハイを1本出して、差し入れてくれたんです。

その人にとっては、その日の唯一の楽しみだったかもしれない缶チューハイ1本。その女性にとっては、その日の必要なカロリーだったかもしれないあんぱんひとつ。なけなしの中から「もらってくれ」と差し出されるものに、ずっしり重みを感じました。

よく「原動力はなんですか」って聞かれるんですけど、なんでしょうね。そういう人たちとの出会い、伝えてくれた思い、かな。

究極を言えば、究極を言えばですけど、次の選挙で受かっても落ちても、僕自身はどっちでもいいんです。だってそれは、みんなが決めることだから。必要だと思うんなら、みんなに頑張ってもらわなきゃいけないという話なんですよ。みんなに本気を出してもらうところ。それ以上でも以下でもない。開き直ってるというより、腹をくってると言った方がいいですね。何がなんでも勝つんだというより、みんなが本気を出すところを楽しみにしていますと。必要だと思う人たちは、必死になってくださいねという。

何が自分を駆り立てているか？　**「今日で最後にしよう」**と思ってるからかもしれないですね。

例えば質問を作る時とか、しんどいじゃないですか。テキトーにやればいいんですけどそれが無理なので、とにかく時間がかかる。連日深夜まで。もちろん省庁への通告は早い時間にやってますよ。どんなストーリー展開にするのかに苦労する。

そんな時、**これが最後の舞台だ**、と思ってやってます。

昔、舞台をやってる時、本当に苦しかったんですよ。毎日毎日吐くほど緊張するし、毎日毎日やらなきゃいけない。そういう中で思いついたのが、今日舞台に立ったら終わりにしよう、って考え方。舞台が終わった時、ほんとにやめたかったらやめたらいいと。でもだいたい終わった後はすっきりしてるんですよね（笑）。だからすごい苦しかったとしても、本当に嫌だったらやめればいいと。これが最後の舞台、今日一日頑張ろうという感じでやってます。最後だから、一生懸命やる。

たまに夜中の3時頃までかかって国会質問の原稿を作ってると、もう、議員会館に誰もいないんですよ。そんな時、トイレ行くのに廊下歩きながら、**なんかこの仕事、好きなのかもしれんな**、とたまに考えたりします。

第1章　山本太郎にもできた！

——意外な「成果」の数々

【ここからは、山本太郎という国会議員がいることによって実現した様々なことを紹介したい。いわば、太郎の「成果」だ。

2019年2月現在、山本太郎はふたつの委員会とひとつの調査会に所属している。

2018年10月まで内閣委員会、予算委員会、東日本大震災復興特別委員会、資源エネルギーに関する調査会。

2018年10月からは、内閣委員会から文教科学委員会に移り、予算委員会からは抜けたが、あとの委員会と調査会はそのまま。

議員になりたての頃は何がわからないかもわからなかったと率直に語った太郎だが、その後、「国会質問」という舞台で大暴れするのにそう時間はかからなかった。

この章では、そこでの質問などによって、**具体的に事態が「動いた」事例**を紹介する。】

成果その1　西日本豪雨の際、被災地に小型重機100台を入れる

【まず紹介したいのは、２０１８年7月5日に発生した西日本豪雨への対応だ。

中国地方や四国を中心に記録的な豪雨となり、各地で河川の氾濫《はんらん》や土砂崩れなどの大きな被害が出た大災害だ。この豪雨による死者は14府県で２２４人。避難者は最大時で4万人以上にものぼり、広範囲で断水や停電も起きた。

豪雨が発生した頃、自民党は「赤坂自民亭」と称した飲み会を繰り広げており、のちに大きな批判を浴びることとなる。その上国会は、カジノ法案などの成立を確実にするために32日間延長されており、その最中に起きた大災害だった（6月20日終了予定だったのが、7月22日まで延ばされていた）。

「カジノより災害対応を！」。内閣委員会の質問で、山本太郎は現地に必要なものを具体的に要求し続けた。

そうして太郎が質問で小型重機１００台を要求した2日後、被災地に１００台のショベルカーなどが入った。

国会質問が、現実を動かした瞬間だった。】

カジノ法案が審議入りする前に豪雨災害が起こったんです。政府の初動が遅れた。災害時の生存率が急激に下がると言われる72時間のうち、60時間以上政府はダラダラとやり過ごしてた。しかも、近畿、四国、北陸などで記録的な豪雨となっていた7月5日の夜、安倍首相をはじめとした自民党議員たちは「赤坂自民亭」で宴会をしていた。いろんな対応が遅れ続けた挙句、カジノ法案の審議をするというありえない決定をした。

もう、ここで怒り爆発ですよね。カジノ担当の大臣は、国土交通大臣。公明党の石井啓一大臣。河川

や国道などを担当しているのが国交大臣だから、カジノの審議やってる場合じゃない。カジノがなくて誰が困るんだよ、カジノがなくて困るのはカジノ業界から金をもらってる奴らだけだろう？　と思いました。

とにかく**災害対応には１００％力を注ぐというのは、基本中の基本**です。例えば民主党政権時代に起きた東日本大震災の時には、国会は止まりました。3月って、参議院が一番忙しい時期なんですよ。予算委員会がずっと開かれて、それと並行して他の委員会も開かれる。その時期に、10日近く国会を開かず、マンパワーを集中させた。そりゃそうですよね。救命救助、復旧に全力を注ぐことでダメージを極力抑える。なのに、今回の災害ではカジノ法案審議もやっちゃおうと。

だから、カジノ法案審議だけどカジノに関することはほぼ質問しなかった。全部災害に関する質問にしました。

【7月12日の国会質問で、太郎は現地からの声を伝え、小型重機を要求した。「カジノより被災者支援」。その思いは、通じた。】

僕の友人に、災害が起こったらすぐに車走らせて現地に行く人がいるんですよ。災害支援のＮＧＯのメンバーです。災害が発生したと聞いたら、夜中だろうと車を走らせる。被害状況を確認しながらボランティア仲間に状況を発信するんです。

その人たちに連絡を取って、現地に何が必要か、聞きました。

そうしたら小型重機がいると。自衛隊の車両や重機はあまりにも大きすぎるということだったんです。自衛隊の装備は、基本的に戦場という設定だから大きいんですよ。

西日本豪雨の前、２０１８年6月に関西で地震がありましたよね。あの時、自衛隊の車両が大きすぎて民家の間や路地に入って行きづらいことがあったそうです。

だからとにかく小型重機が欲しいということで、内閣委員会の質問では、現地の家が土砂に埋もれている写真を見せたりしました。玄関先に土砂が入ってて、ほとんど埋まっちゃってる写真とか。

まず、マッチングをしろと。小型重機を持ってる会社が全国にどれくらいあって、というデータベースを構築してくれと。あと、重機を動かせる人ですね。地方の農家のおじさんの中には、農閑期に建設業を手伝ってる人もいるから、意外と重機を動かせる人がいる。人と重機のマッチング。常に空き状況を国が把握する形を作れたらいい、と。とにかく、**一刻も早く被災地に小型重機を**、と要求し続けたんです。

埋もれた家

小型重機

【その結果、質問から2日後には、なんと100台の小型重機が被災地に届いた!!】

向こうにも負い目があったんでしょうね。大災害が起こったのに、災害対応に集中せずにカジノ法案を通そうとしている。「災害対応もちゃんとやってます」と言うために、必要と思われることにはすぐ対応する。被災地をなんとかしたいこちら側と、結果、利害が一致した。でも、この件をあとで調べてみると、小型重機をリースする会社の善意に頼っていたことがわかりました。つまり、小型重機は、リース会社の持ち出し。国はお金を使わず、善意に頼っていたんです。ケチる部分じゃないだろ、さっさと国がちゃんとリース料払えよ、と。

【質問では、現地に駆けつけるボランティアの高速料金無料化についても触れた。とにかく手続きが複雑なのだという。】

さっき、僕の友人が一番乗りで被災地に行くって話しましたけど、そういう一番乗りの人たちは、高速料金とか自前で払って行ってるんです。災害ボランティアには高速料金が無料になる仕組みがあるんですけど、その証明が取れるまで時間がかかる。役所に直接出向いて申請しなきゃダメ、FAXでもやりとりしなきゃいけない。すぐにでも人が行かなきゃいけない状況なのに手続きに時間がかかってすぐ行けない。それを待てない人たちは自腹で行くしかない。善意で必要な支援に走ってくれる人たちは自腹になっちゃうというふざけた仕組みです。

結局、質問で「もっと手続きを簡単にしろ」と言ったんですが、回答は「やりとりを迅速化できるように通達します」「高速道路無料で使えるんですよ、ということを広く周知します」って。いや、そうじゃないと（笑）。一発でいけるような仕組みにしてくれ、と。

この西日本豪雨について、日本財団は50万人のボランティアが必要になると推定しました。多くの人手が必要で、それによって復興のスピードが変わることをわかってるんだから、ボランティアに入ってくれる人たちの足代くらい、国で持てよって。あまりにも善意に頼り過ぎてる。例えば、西日本豪雨の時、フェリー会社とJRがボランティア割引をしてくれた。新幹線、こだまだったら帰り道は約半額にします、フェリーも割引します、と。

でもそれって、各社の努力と善意に頼るということです。そうじゃなくて、国がお金を出して交通費を持ちます、宿泊費持ちます。本当は「日給出します」というところまでやらなきゃいけない。仕事として日給出せば、長期で入れる人も増える。雇用も増えて景気も良くなるし、復旧復興の加速に繋がります。逆に人手をコンスタントに投入できなければ、復旧復興が遅れ、引いては日本経済にもプラスになりません。

【そうして2018年7月14日、太郎は西日本豪雨の被災地である愛媛県西予《せいよ》市に飛んだ。現場の状況を把握し、その声を国に届けるためである。】

ダムからの放水で沈んでしまった街です。どういう状況だったか、今何に困ってるかをヒアリングしていく。「すぐに国会で反映させるから話聞かせてください」と言って。ボランティアセンターを運営する現地の社会福祉協議会とか、いろんな人に話を聞きました。

避難所には、スポット型のクーラーがあったんですよ。避難所になってる体育館に入れました、という話でその体育館には10台ありました。だけど、残念ながらそのクーラーが設置されても体育館の温度は34・5度。まったく効いてませんという話なんですよ【**写真1、2**】。だから避難所ではなくて宿を用意することが重要だと思い、そのことに関しては、7月17日の内閣委員会の質問で、安倍総理に直接ぶつけています。

まず、避難所ではなく宿を用意してほしいと。国が先回りして空き状況を確認して、「これだけありますよ、入れますよ」ってプッシュ型支援をしてほしいと。宿泊施設が少ない中山間地などであれば、カラオケボックスやラブホテルを開放するとか、柔軟に対応してほしいということも伝えました。

安倍総理は、「私ども詳細までは、急なご質問ですので、承知をしておりませんので、果たしてそう

【写真１】スポット型クーラー

【写真２】34.5度を示す温度計

いう対応をしているのかどうか。していなければ対応する、対応もしていく、柔軟に考えなければならないと私ども考えておりますので、柔軟かつ迅速に対応していきたいと、このように考えております」って、これまでにない不自然な丁寧すぎる対応でしたね。これには理由があって、この直前に、総理が過去、暴力団とつながりのある人物を使って選挙妨害を依頼した過去の疑惑について質問したんです。その途中で暴力団との疑惑についてはいったん横において、今からは被災地についてお聞きします。そこでいい答えをもらえなかったらもう一回この話に戻るからねっていうのが通じたのかもしれない（笑）。暴力団について聞かれたくないから、えらい快い答えを口先だけでべらべらしゃべり出して（笑）。

でもこれ、国会の期間が終わる間際だったから出てきた答弁だと思います。国会が続いていたら「あれはどうなったんだ」って追及されるけど、国会は終わってしまうから追及されない。

国会閉会後、党の災害対策会議を開いて各省庁を呼んでヒアリングしたら、何もやってなかったんです。「なんなんだ、ここまで総理が言ったのにどうしてやってないんだ。あなた方のトップの顔に泥を塗るのか」って言っても、被災自治体からの要請がないとなんとも……という話になる。それじゃ今まで通りじゃないか、**国が率先して動くプッシュ型支援が必要なのに**。

「自治体からの要請があれば柔軟に対応します」って、災害対応で省庁がいちいち使う言葉ですが、被災自治体は目の前の対応だけでいっぱい。だから、先回りしてやれることをやっていける政府であれ、ということなんです。

あと、総理のあそこまでの答弁がありながら何も対応しないというのは、やっぱり国会や委員会が開かれていない、みんなの目に晒されないことのマイナス面でもあるんですね。

【そんな災害対応の質問で太郎がもうひとつ要求したのが、自衛隊についてだった。】

自衛隊は災害時、救命救助や国道など大きな部分の復旧、土砂の排除とかはやってくれます。一方で人々の生活に関する復旧という部分にはあまり踏み込めないんですね。ここに、一番人員が揃っている自衛隊、二十数万人の組織ですから、そのうちの何万人かを投入するだけでも復興が急速に進む。そういった災害支援を拡大させたいんです。

基本的に行政は、個人宅など民間地には入らない。だから被災者は、土砂で家が埋まってても自分たちで土砂をかき出すしかない。個人宅は本人や親戚、友人やボランティアでやるか、もしくは家の人が業者を雇ってやるしかないんです。

その作業を自分たちでやるのはとんでもない労力です。家の中や床下に土砂が入ったままだとカビが生えたり腐ったりします。感染症の恐れも出てくる。とにかく一刻も早く全部かき出さなきゃいけない。これを自分たちでやれなんて無理な話でしょう？　だから自衛隊のマンパワーを使えないか。あと、大工さんや職人さんを国が雇って一斉にやる、床板や壁板剥がしをプロがやる、そのあとの泥かきはボランティアがやるという段取りでやれば作業時間が格段に圧縮される。でも、現実は自分らでやれってスタンスです。

大阪北部地震の時、瓦《かわら》がずれて雨漏りする家にブルーシートを貼る作業を自衛隊も行ったらしいんですよ。これに関して防衛省は、「そこの自治体のトップからお願いをされれば、柔軟に対応する場合もある」という話でした。でも、その現場に入ってた災害ＮＧＯにその件について聞いたら、「自衛隊は屋根に上がってブルーシート貼る作業を普段はやってないから、その後もう一回俺らがやり直さなきゃいけなかった」って（笑）。やってくれるのは嬉しいけど、二度手間になったと。日頃から自衛隊でそういったスキルを身につけてもらう体制が作れたら復旧を加速的に進められる。

他にも自衛隊はキッチンカーを持っているんですよ。ものすごい優れもので、大量の食事を1時間くらいで作れる。牽引式《けんいんしき》の場合、約45分のうちに２５０人分、自走式の場合は約60分で１５０人分の炊事を行える。それが８００台くらいあって、ほとんど空いてたんですね。コンビニ弁当やアンパンなどが毎日続くと健康面を考えてもあまりよくない。被災地にキッチンカーがあったらいいじゃないですか。料理をすることが避難所などでのコミュニケーションになる場合もある。で、要請したんですけど、「自治体からの要求がないと行かせられない」という話だった。

いろいろ自衛隊に柔軟な対応をしてほしいと質問もしたんですが、回答は、「自衛隊のメインは国防だ」と。ざっくり言ったらそんな感じです。被災地に自衛隊員を投入して一気に復旧復興を進めることも国防の一環だと思います。被災地の人たちからの感謝の気持ちもより一層高まる。災害救助における自衛隊の活動もさらに理解されると思うんです。

災害支援団体のＡさんの話

【さて、ここである人にご登場頂きたい。

それは太郎が話していた、「災害が起こったらすぐに車走らせて現地に行く」友人。災害支援団体のメンバー・Aさんである。彼は一年のほとんどを被災地で過ごし、支援に明け暮れている。災害が起きたら、すぐに現場に向かう。そんな彼のもとには、太郎から必ず連絡が入るという。今回の西日本豪雨でも、Aさんは真っ先に現地に飛んだ。現場の声が政府に届いたことで小型重機100台が現地に届くという展開になったわけだが、太郎はこれまでもAさんの案内で様々な被災地に入っている。Aさんに、話を聞いた。】

西日本豪雨の時、俺は大阪北部地震の現地にいて、雨が止むのを待って7月7日に大阪を出て、8日に愛媛に入りました。

太郎と連絡取ったのは8日とか9日とか、入ってすぐの頃だったと思う。最初に、「太郎、これえらいことになる。愛媛、広島、岡山も含めてえらいことになるよ」って言った気がします。

俺はその時愛媛だったんだけど、その時、仲間が岡

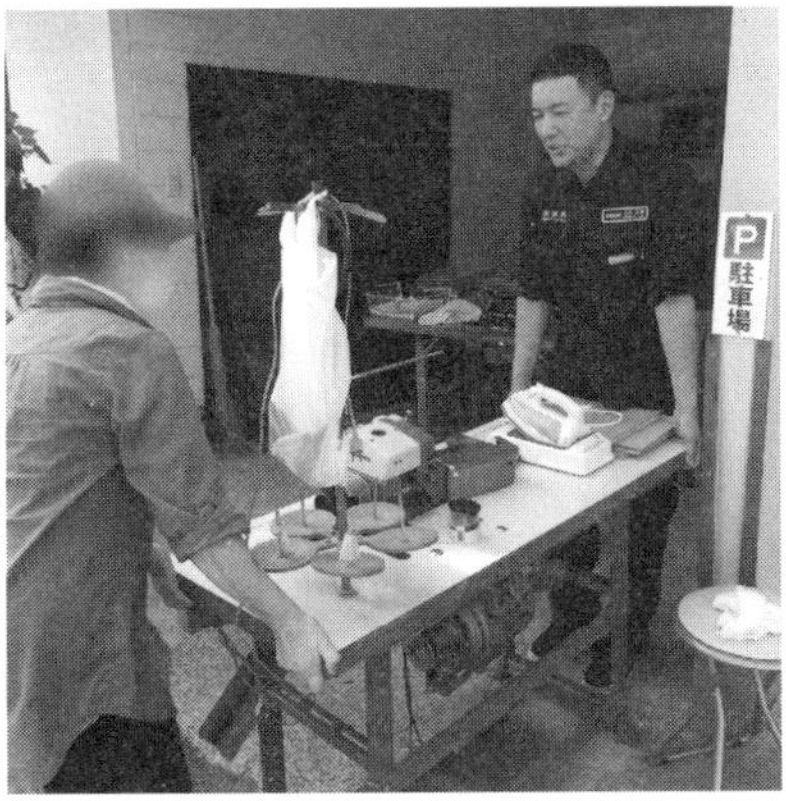

2018年７月14日愛媛県にて

2018年８月２日広島県にて

山で7日、カヌー使って85人、人命救助してるんだよね。自衛隊は救出する時、ボートで行って胸まで浸かって階段上がっていって一人ずつおんぶして助けるんだけど、俺らはカヌー2個並べて間に板張って、そこからハシゴで外から助けるから倍早いのよ。その人たちを自衛隊に引き渡して連携とったりして。

で、太郎は何か起きた時、俺が現場に行ってると思ってるから「今どこ?」って連絡くるのね。それで「電話で聴くより行きたい」って言う。その行動力がすごいよね。俺から「来てくれ」って頼んだことは一度もない。自分で動く。それで今回は「今はまだ早いか?」って聞くから、早いんだけど来てもらった。2018年7月14日。来てもらったら、やっぱり俺らと役割が違うから「いいよ」って呼んだ。

最初、当選した年も太郎は災害現場に来てます。2013年9月に起きた水害現場の滋賀県高島市。その翌月に台風の土石流で大変になった伊豆大島にも来てる。「行きたい」って言うから。

最初に俺が言ったのは、「視察に来るなら受けないよ」って。初めて被災地入った時は、普通に一般ボランティアに混じってボランティアセンターに並んでボランティア保険に入って、そこから俺らと一緒に、まずは現場で汗かいたんだよね。泥かき。それが当選まもない頃。

去年（2017年）の九州北部豪雨の時は、東峰村っていうところに来て、そこでも一ボランティアとして、ひたすら泥かいてました。熱中症になるくらい。まずボランティアの大変さとか、住民さんと一日一緒に作業やるといろんな会話が聞こえるから、それまず去年くらいまでやってもらって。

今年（2018年）の水害から、現場もひととおり知ったし、自分ができる役割はやっぱり国を動かすことだってことで、今現場で重機が足りない、となったら小型重機の質問しようとか、炊き出しがまだ追いついてないと知ったらキッチンカーのこととか、自分で調べるからね。自衛隊にキッチンカーがこれだけあって、こうやったら使えるようになるんじゃないとか。俺が「この問題なんとかなんない?」とか「こうしたいんだよね」って問題提起すると、太郎が国交省や防衛省に聞いたりして、全部自分で調べるの。太郎事務所含めて。現場に来たら、ちゃんと課題を持ち帰って、自分たちでそれに対する答えを探す。

スポット型クーラーの話も、自分で現場に行って体感してるからできる。避難所に連れてって、避難してる人の声を聞いたんです。太郎、自分のｉＰａｄで34・5度の温度計の写真撮ってたけど、自分で体感するところが他の国会議員さんとかお偉いさんと違うよね。他の人はパッと来て、被害が厳しいところに行って、準備された避難所に行って慰めてって、天皇陛下みたいな感じだけど、太郎の場合はノーアポで俺たちが連れてっちゃうから、リアルな状況がわかる。

俺も被災地に来る議員団、よく見るけど、役場の担当がついてて前もって避難所行きますって入ってくる。でも太郎は役場の担当つけないし一人だし、そこはフットワークの良さというか、現場を知るって意識が飛び抜けてると思う。だって被災地で熱中症になりかけるまで泥かきする議員なんて見たことない。

現場回ってると、太郎が来てくれることで励まされる人もいるし、太郎も距離感ないから、おばちゃんたちに「これ手伝って」とか言われて物運んだりしてる（笑）。

太郎、言うじゃない。**「僕を使って」**って。まさに被災地に「僕を使って」って来てるんだよね。だから泥もかくし、汗もかくし、必要なことは聞き取って見て、東京に持ち帰ってなんとかしようとするし。

小型重機100台入ったことは大きかったです。あと、うまくいかなかったけど自衛隊がキッチンカーを800台くらい持ってて、自治体の要請あれば使えるって、俺も知らなかった。太郎に「避難所では弁当なんだけど、自衛隊ってそういう車いっぱい持ってるんじゃね？」って言ったら調べてくれた。とにかく**現場歩いてるからこそ聞こえる声がある。**そこが一番ポイントだと思いますよ。

西日本豪雨では、最初2018年7月14日に愛媛に来て、8月2日に広島県坂町と広島市に来て、9月

3日にも愛媛県西予市に入ってます。

現場に行って話聞いたり、社会福祉協議会を訪ねたり、夕方からは支援者が情報を共有する会議にも参加した。支援者、県、内閣の人なんかが参加する会議に一議員として参加してました。そこに来る議員は俺が参加する中では初めてじゃないかな。その会議が終わったあとに、支援者たちとファミレスに行ってまた2時間くらい話聞いてたからね。

結局被災地って、社会が蓋をしてたものが一気に噴き出るんだよね。貧困しかり、福祉しかり、DVしかり。そこから世の中どう変えていけばいいのか。俺は頭悪いから実践で感じてやってるけど、そういうとこに山本太郎も必要なんだよね。

太郎のことは議員になる前から知ってるけど、やっぱり化けてきてる。あの半端ない問題意識と向上心。モチベーションはどこからなのってくらい、あるよね。

太郎に期待すること？　あまりないかな。健康で、太郎が思ったことやってくれれば。太郎に期待する人っていっぱいいるんだけど、それぞれがやることをやっていかないと。太郎にお願いだけじゃダメじゃない。そうじゃなくて、太郎、一緒にやっていこうぜって人をどう増やしていくか。太郎一人がカリスマになるんじゃ変わらないもん。太郎もそれを望んでないと思うし。今、十分やってるしさ。

成果その2　女性活躍推進法の附帯決議に DV・ストーカー問題を盛り込む

【続いて紹介したい「成果」は、女性活躍推進法の附帯決議。2015年8月に成立した「女性の職業生活における活躍の推進に関する法律」（長い……）には、参議院で16の附帯決議が入ったのだが、山本太郎の尽力によってある2行が加えられた。この「附帯決議」が入ることによって、一体何がどうなるのか。っていうかそもそも、附帯決議ってなんだ？】

附帯決議っていうのは、法案が採決されて法律になる時に、その法案の中でちょっと抜け落ちてる部分や、本当は課題として取り上げた方がいいよね、でも今回はちょっと入らなかったね、というようなことを補足するものです。法的拘束力はないんですが、立法府から、行政に対して「しっかりとこういうことも考えていくように」というようなもの。

【太郎が「女性活躍推進法」において、附帯決議に加えたのは次の一文。】

「配偶者からの暴力およびストーカー行為等により、女性の職業生活における活躍が阻害されることがないよう、被害の防止及び被害者に対する相談・支援体制の充実を図ること」

【なぜ、DVの問題を盛り込むことになったのか。】

ちょうど女性活躍推進法について質問する2カ月くらい前、DV被害者を支援する団体の代表理事をやってる吉祥《よしざき》さんという女性に会ったんですね。

それで、ＤＶの問題って詳しく知らなかったのでレクチャーに来てもらったんです。話を聞いて、ＤＶについて全然知らなかったことに気づきました。

例えば、ＤＶの範囲の広さ。殴ったり蹴ったりというのがＤＶだと思ってたらそれだけじゃなく、言葉もそうだし態度もそうだしって聞いた時、自分自身もドキッとするものがありました。不機嫌な態度や発言もＤＶなら、自分も加害側になったこともあるな、って。

この問題、もっとちゃんとやらなきゃダメだということで、「女性活躍推進法」の審議の中でＤＶの問題を取り上げたんです。この時は秘書の後藤さん（第7章に登場）が2カ月くらい、この問題にはりついて、集中して調べてもらった。

【そうして「女性活躍推進法」の附帯決議の14番目に、前述した一文が入った。

この一文が附帯決議に入ったことによって、どんな効力を発揮するのだろうか？　例えば現場レベルでは、どのような変化が起きたのか？

「これによって、被害者の生活が変わりましたね」。吉祥眞佐緒《まさお》さんはしみじみと言った。

彼女はＤＶ被害者支援団体・エープラス代表理事。被害者支援だけでなく、加害者更生プログラムに取り組む「アウェア」の事務局長もつとめている。太郎にＤＶ問題のレクチャーをし、質問作りにも協力した人だ。

そんな吉祥さんは、ＤＶ被害をなくす活動をもう10年以上、続けている。吉祥さんに話を聞いた。】

ＤＶ被害者支援団体の吉祥さんの話

これ（附帯決議）、いつも持ち歩いてるんですよ。

私はDV被害に遭った女性を支援しているので、特に役所に同行する時なんかに役立ちます。彼女たちの権利擁護のために。都道府県でも市町村でも、初めて会う役所の担当者には必ず見せますね。

例えばＤＶ防止法ってすごい狭い法律で、被害者を逃がすことがメインとも言える法律なんですよ。これまでは、逃げた後にどうやって女性たちが自立してしっかり社会で活躍して、納税者となり社会の一員となるか、お子さんのいる女性はその子が暴力や貧困の連鎖にからめとられず健康に成長できるか、そんな発想がありませんでした。極端に言えば、逃がして生活保護に繋いだら終わりって感じで。でも、この附帯決議によって「被害者のその先」っていう道筋ができましたね。

役所の人たちにも偏見があって、ＤＶ被害者は特殊な人とか、二度と生活保護から抜けられないってイメージがあるんですけど、この附帯決議によって、そうじゃないんだ、ＤＶの影響で一時的に困難な状況にあって働けなかったりするけど、ちゃんとケアを受ければ活躍できる人材なんだってわかってくれて、**だいぶ意識が変わってる**んです。話してて対応が違う。すごい助かってますね。

一方で、ＤＶ被害者は心身に傷を受けてる人たちなので、「はい、夫と離れられたんだから働きなさい」って言われても難しい場合がある。そういう時にも附帯決議は使えます。生活保護の担当者だったり、母子手当の担当者だったりに、「働け働け」だけじゃなくて、**ちゃんとケアを受けさせろって言える根拠になる。**

「配偶者からの暴力及びストーカー行為等により、女性の職業生活における活躍が阻害されることがないよう、被害の防止及び被害者に対する相談・支援体制の充実を図ること」って書いてありますからね。

「あなたこの附帯決議知らないんですか？」「理解なさすぎるから職場でちゃんと共有してください」って、この附帯決議を役所で回覧してもらうこともあります。

附帯決議に明記されたことによって、役所に社会的責任が生じる。企業にもです。

会社の社長や役員の中には、女性活躍推進法ができたことによって、「もっと女性の能力を生かしたい」と本気で取り組もうとしてくれている人もいます。そういう人に、「参議院の附帯決議でＤＶ被害者についてのことも入りましたよ」って言うと、「女性の活躍を応援しつつ、企業の社会的責任も果たしたい」ということで、困難を抱える女性を積極的に採用してくれる企業も増えています。非常にありがたい。企業が、附帯決議によってＤＶ被害者の受け入れ先を作ってくれたんですよね。

ある大企業では、この法律ができてから、ＤＶ被害者を何人も採用しています。支援団体のケアを受け続けることが就労の条件で、被害者ケアのプログラムに参加する時には有給休暇がとれるんです。この会社はシングルマザーも働きやすい環境で、「子どもが具合悪いから休みます」って急に言っても全然いやな顔せずに休ませてくれるそうです。今、一番最初に採用された人が働き始めてちょうど2年。活躍してますね。附帯決議の文だけ見ると「意味あるのかな？」って思うんだけど、これが根拠になってまずは企業が変わってきてるんですよね。

今、内閣府でも、ＤＶ被害者を逃がすだけでは不十分ということで、逃げた後のことについての検討が開始されようとしています。厚労省では、「困難な問題を抱える女性への支援のあり方に関する検討会」もできました。少しずつですが、進んでいます。女性の様々な問題について、これからもっと法律や制度ができていくと思います。そのために私たちも頑張っています。

今回のような形で、国会議員の質問作りを手伝ったのは初めてです。基本的に議員さんとかは信用してなかったので（笑）。でも、山本さんが私だけじゃなくいろんな人にレクチャー受けて、秘書の後藤さんもすごくいろんなことを調べてくれて、この人たち本気なんだって。私としては質問してくれるだけで十分だったんですけど、山本さんはせっかく取りかかったから形にしようということで、他党とも交渉して、粘り強く頑張ってくれてこの2行が附帯決議に入ったんですね。

最初にレクチャーに行った時は、1時間くらい、DVについての話をしました。山本さんと秘書の後藤さんに「DVとは何か」とか本当に基本的なことをお話ししました。そうしたら終わって帰る時、お二人が「あー、苦しかった……」って言ったんですね。辛い話を聞いて苦しかったのか、男性である自分が責められているように感じたのか、聞いてませんが両方じゃないでしょうか（笑）。その時、この人たちは真剣に聞いてくれてるんだなって思いました。だいたい議員さんとか役人の男性は、自分とは関係ない話として、被害者がかわいそう、DV男なんか取り締まってやる、みたいに言う人が多いんですけど、自分に引き寄せて考えてくれるっていうのは、被害者にとっても加害者にとっても大事なことなので。人間性がいいな、と思いました。

今、性暴力のワンストップセンターができましたけど、官民連携型のDVのワンストップセンターができるといいなというのが理想です。今は本人を逃すためのワンストップしかないので、逃げられない女性や加害者、DV家庭で育った子どものケアも含めたワンストップセンターですね。

山本さんに期待することは、すごい大事なことたくさんされてるからこれ以上はあまり言えないですね。それより、この附帯決議をもっといろんな人に知ってもらいたいですね。そしてこれをどんどん活用してほしいと思っています。

【たった2行の付帯決議にどんな意味があるのか。正直に告白すると、吉祥さんの話を聞くまで、心のどこかにそんな思いがあった。しかし、それを武器として、ツールとして使い倒している吉祥さんの話に、目が開かれる思いがした。吉祥さんのレクチャーがあり、質問だけでなく「形にしたい」という太郎の思いで生まれた附帯決議。それを現場の支援者である吉祥さんが今、存分に生かしながら被害者の生活再建を手伝っている。

【「国会議員の正しい使い方」、そんな実例を見た思いだ。太郎さん、そこまで効力あると思ってました？】

いやいやいや、もうびっくりしました。

附帯決議って、法的拘束力もないし、今の政権での取り扱いはどこかオマケみたいな感じなので、実際にこの附帯決議を使って、現場でフル活用してくれているってことに感動しました。

どんなツールでも、使い手によってその効果がしょぼいものになるか、最大限力を発揮できるのか、違ってきますもんね。附帯決議をもって現場でアプローチして動かしてるという実例をこうして聞いて、決して無駄ではなかったんだなって感じましたね。

成果その3　生活保護世帯の子どもの未来を切り開くような制度変更を何度も

【続いて紹介したい成果は、生活保護についてだ。

この問題については、議員になって以来、何度も何度も質問している。その結果、様々なことが動いてきた。特に生活保護世帯の子どもの未来が切り開かれるような運用の変更がなされてきた。山本太郎がしつこく質問したことが形になっているのだ。そんな生活保護の問題は、そのまま貧困の問題でもある。

議員になりたての頃、太郎に貧困問題のレクチャーをしたことは前述したが、以来、太郎は貧困問題にも大きな関心を持ち、２０１５年からは、年末に関東近辺の炊き出し現場を回っている。なぜ、年末年始にこのような取り組みがされているかと言うと、役所が閉まる時期だからだ。仕事も切れることの多いその期間に路上生活となってしまうと、役所に駆け込んで生活保護申請をすることもできない。長い場合は一週間も公的な支援の窓口が閉ざされる。そうなると、路上での餓死、凍死が起きることが予想される。よって年末年始には各地で炊き出しや生活相談、医療相談などが開催されるのだ。

２０１５年から２０１８年末まで4年連続で、太郎は年末を「もっとも貧しく、住む場所もないまま寒さに震える人々が集まる現場」で過ごしている。もちろん野外で、吹きっさらしだ。食器洗いをしたり炊き出しの野菜を切ったりと手伝いもしている。なぜ、厳しい現場に来て、そこの人々の話に耳を傾けるのか。そのような場に足を運ぶ政治家を、私は他に知らない。

【だって、いつ自分がどんな立場になるかわからないでしょう？

自分も生活保護を利用する可能性があるし、ネットカフェ難民になる可能性もありうるし。路上に出る可能性だってある。そう考えた時に、少なくとも自分がそういう立場になった時には優しい世の中であってほしいなと思うわけですよ。でも今、そこが大きく違うじゃないですか。】

【「自分だっていつどうなるかわからないから」】。何度か太郎の口から耳にしたことがあるその言葉を、私はずっと聞き流していた。しかしこの本を書きながら、気づいた。そういえば山本太郎は、常に「職場の社長」「会長」みたいな人（総理大臣とか）に盾突きまくっている。数年前まで芸能界にいたのに原発のことを言って仕事を失ったという経歴だ。もし選挙で当選しなければ、リアルに路頭に迷い、今頃「原発のことを言って仕事を失ったあの人は今」みたいなテレビ番組に出ていたっておかしくないのだ。

ちなみに、議員になる前からホームレスは「気になる存在」ではあったようだ。】

昔から、すごい寒い冬の日とかに、ホームレスの人の寝ている場所に1000円置いてそのまま行く、というのは日常的にやってはいたんですね。でも誰かといると、カッコつけてやってると思われるんじゃないかって思ってできなかったり（笑）。

議員になっていろいろ知るまでは、本当に困ってる人もいるだろうけど、ライフスタイルの一環というか、自由を求める人たちもいるのだろうって認識でしたね。でもそうじゃなかったっていう。

【生活保護の質問の話の前に、2015年からの年末の炊き出し回りについて振り返ってもらおう。それは「越年」とも言い、支えるのは年末年始の貴重な休みを返上して働くボランティア。2008年末には日比谷公園の「年越し派遣村」が注目されたが、あのような場は報道されないだけで、今も全国にたくさんあるのだ。

2015年末、太郎が回ったのは「布団で年越しプロジェクト」の現場と横浜・寿町。山谷。渋谷の美竹公園。池袋の「TENOHASHI」の炊き出し。以来毎年、ほぼ同じコースを2〜3日かけて回っている。】

びっくりしたのが、寿町の炊き出しも他のとこでもそうだけど、すごく若い人、オシャレな感じの人とかが炊き出しに並んでいたことです。精一杯、「気にしてない」って表情で。人によってはヘッドホンで音楽聴いて、まったく外界をシャットダウンしてる感じで並んでる。そういうことにショックを受けました。

山谷にも若い人がいて、「選挙の時、頑張れと思ってたんです」とか話してくれて。その人は身体壊して一度は路上に行って、山谷のドヤかなんかに住んでたんだと思う。

街歩いててホームレスの人に遭遇したりするけど、その人のバックグラウンドはまったくわからないじゃないですか。けど、そういう場所に行っていろいろ話を聞いていくと、どういう理由でそんな状況に陥ったのかわかる。あと一番すごいと思うのは、現場の支援者たちの手際の鮮やかさです。「救ってやってる感」がまったくない。もう、淡々と物事を進行していく。

最初に行った2015年の年末は、30代の男性と40代の男性が鮮やかな手際で救われる現場に遭遇しました。炊き出しの生活相談に来て、一人はその1カ月前、初めてホームレス状態になっていた。地方で失業して、「東京に来ればなんとかなる」って思って来たけど仕事は見つからなくて所持金が尽きてしまって。携帯も止まって、道に落ちてるお菓子なんかで食いつないで。ホームレスになりたてだから、路上のノウハウが何もない。公園のベンチで寝ても、寒いから夜中はずっと歩いてたとか。もう一人も同じような状況で、その二人が、「布団で年越しプロジェクト」に繋がって、その日のうちに「つくろいハウス」っていうシェルターに入れることになったんです。それぞれ4畳半くらいの個室で、生活用品もひと通り揃ってる。そこを見た時、彼らは「ここは天国ですね」って、信じられないって顔をして。支援者に繋がれなかったら、二人とも間違いなく凍死してましたよ、年始の東京で。

それを支援者が、プロとして本当に的確な収まりどころに繋げていく。シェルターに入る人もいれば、状況を見て、年末年始の間だけ契約しているビジネスホテルに入れたり。困窮して相談に来る人の中には、80代の母親を連れた娘さんなんかもいる。二人

2016年横浜の寿町にて。炊き出しの配食を手伝う。

で路上にいたらしいです。普通、年末年始って休みたいとか遊びたいとか思いますよね？　でも支援者の人たちはみんなにどう生活を再建してもらうかってことを真剣に考えている人たちで、びっくりしました。ここまで自然に、誰かのためにやっている姿は衝撃でしたね。

２０１７年末の池袋の炊き出しでは、スーツ姿で大きなトランクを持ったまま並んでいる30代くらいの男性がいて、声をかけました。それがきっかけで生活相談のブースに案内されて。あとでその人は「その前日に初めて路上で寝た」と知りました。とうとう所持金が尽きたんでしょうね。その人が持っていたトランクがびっくりするほど重かったことを覚えています。

世の中では、貧困状態だったりホームレス状態にある人たちは、頑張らなかったからそうなったんだ、というような話にされてるけど、それは実態とは大きくかけ離れてるんじゃないかな。行くたびにそれを確認します。

みんな必死に生きようとしてるってことですね。そこにアプローチしてくれているのが残念ながら政治ではなく、善意でやってくれている支援者の方々。本当は政治が介入して、福祉のあり方をもう一回見直すべきなのに、放置されている。そして炊き出しに並ぶ人がいる。政治の責任なのに、放置されている。命と直結するような現場と、それに向き合っている人たちの姿を、この国の総理大臣にこそ見てほしいと思いますね。

議員になって、給料、前より上がってない、金のためにやってるんじゃない、自分の気持ちが切れたら終わりという話をしましたが、自分の気持ちがなかなか切れないのは、たぶん年末の2、3日間、この現状を見せてもらっているということもある。それも自分の中に投下される燃料のひとつだと思うんですよね。

対談　貧困の連鎖を断ち切るために

小久保哲郎（弁護士、生活保護問題対策全国会議事務局長）
×山本太郎

【さて、ここでご登場いただくのは、「初登庁の日、太郎に貧困問題をレクチャーしてくれた人」の中の一人。弁護士で「生活保護問題対策全国会議」事務局長の小久保哲郎さんだ。山本太郎は小久保さんにレクチャーを受け、これまで何度も子どもの貧困問題について質問をしてきた。そんな中、前述したようにさまざまな運用が変わってきているのだ。この成果は、確実に子ども・若者を救っている。しかもものすごく具体的に。貧困の連鎖を断ち切り、生活保護世帯の子どもの未来が開かれるための第一歩となるものだ。

それでは、どのような質問から、どのような成果が生まれたのか。小久保哲郎さんと太郎の対談でお届けしよう。対談収録・2018年11月9日】

小久保哲郎（こくぼ・てつろう）弁護士。生活保護問題対策全国会議事務局長。日弁連貧困問題対策本部事務局次長。著書に『これがホントの生活保護改革――「生活保護法」から「生活保障法」へ』（明石書店）など。

小久保哲郎氏（右）と。

小久保　大阪で弁護士をやってる小久保と言います。１９９５年に弁護士になって、１９９７年頃から生活保護の問題をやり始めました。

　その頃、大阪の街はホームレスの人で溢れ返ってたんです。生活保護を受ける人が一番少なかったのが１９９５年なんですが、窓口がそれだけ厳しく、受けられなかった。街のあちこちでホームレスの人がリヤカーを引いていたり、裁判所の前にもホームレスの人のテント小屋が並んでいるような状況でした。弁護士になって3年目くらいに、先輩弁護士の紹介で釜ヶ崎の支援団体から相談を受けたんです。当時、ホームレスの人は生活保護を受けられず、窓口に行くと「家借りてから来い」と追い返される状態でした。

太郎　乱暴な……。

小久保　家を借りるお金がないからホームレスになってるんですけど。そうして路上で行き倒れると、救急搬送されて病院に入院する。その間だけ生活保護がかかるんだけど、身体が良くなると保護を打ち切られてまた路上に戻る。また身体悪くなってっていう繰り返しで、当時、大阪府だけでも路上で亡くなる人が年間４００人くらいいると言われていました。

　その支援団体の人が、あるお婆ちゃんを支援したんです。救急搬送されて病院に入ったんですが、退院するにあたって、また路上に戻るのが目に見えていた。昔のようにアパートで暮らしたいということでした。当時、ホームレスの人は生活保護を受けるなら病院か施設に入るっていうのが全国的にまかり通ってたんですが、生活保護法を読むと、「居宅保護の原則」と書いてある。入院先から、アパートに移ることができる。でも、支援者がその申請書を役所に持っていったら、「うちは施設か病院しかしてへん」「受け取られへん」と突き返されて。「却下なら却下でいいから判断してください」と机に置いたら「落し物として扱います」と言われたそうです。

太郎　ええ！

小久保　その件で、僕と友達の弁護士が代理人になりました。それが初めての生活保護の相談だったんですけど、役所の人がそんなこと言うなんて信じられなかった。その後、役所に抗議と、病院からアパートへの変更申請を念押しする書類を送ったんですけど、全然連絡がない。普通、弁護士が役所に抗議の書類を送るとすぐに電話がかかってくるのに。こっちから電話したら、「弁護士に申請とか言われても、生活保護は話し合いやから」とか意味のわからない対応でびっくりして。公務員だから、法律のことは当然知ってるだろうと思ってたんですけど、そうじゃない。生活保護の申請権は法律で保障されているので、申請を受け付けないだけでもう違法なんです。こんな無法がまかり通ってるんだって、そこから怒りがふつふつとわいてきて、そのうちに大阪市でプロジェクトチームができて、お婆ちゃんは病院からアパートに移る第1号になれたんですよ。

太郎　すごい！

小久保　それから、ホームレスの人の生活保護の申請同行（一人で役所に行くと追い返されることもあるので、弁護士や支援者が同行する）とか、審査請求とか、裁判とかをやるようになったという経緯です。

当時、公称で大阪のホームレスの人の数は6600人ほど。実際はその3倍はいると言われていました。その人たちがほぼ全員、違法な水際作戦（役所が生活保護の申請を受け付けずに追い返すこと）に遭っている。友達の弁護士10人くらいと一緒にやってたんですけど、審査請求とかどんどんやってもきりがなくて、大変で死にそうになって（笑）。個別対応だけやってても解決しないっていうのを実感して、2007年に**生活保護問題対策全国会議**っていう支援団体を立ち上げて、社会的、政治的な取り組みをしようということになりました。

――（雨宮）そんな小久保さんが２０１３年に議員になったばかりの山本太郎と出会い、以来、生活保護問題についてのレクチャーを続け、質問作りを支えているわけですが、議員になってからの成長ぶりはいかがですか。

小久保　いろんな質問をして頂いて、特に生活保護世帯の子どもの大学進学問題については、太郎さんの質問のおかげで進展して、制度自体が変わってきているので感謝しています。

まず、２０１５年５月、内閣委員会で福島の事件について質問して頂きました。これは福島の生活保護世帯の高校生の女の子が給付型の奨学金14万円を受け取ったのに、福島市が全額取り上げるような扱いをしたという事件です。

生活保護では収入認定と言って、収入があるとその分保護費を減額するのが原則なんですが、例外もあって、それはその世帯の自立のためになると考えられる場合です。奨学金は学業のために使うものだからその主旨にかなうので収入認定除外されるべきなのに、福島市は全額収入認定してしまった。

この件に関しては、地元で弁護団が結成されて福島県に審査請求という不服申し立てをしたけど認められず、厚生労働大臣に再審査請求をした上で裁判で争っている状態で、質問して頂いた。

――この質問が２０１５年５月ですが、３カ月後の８月６日、厚労省は福島の件に関して、「可能な調査を行わずに奨学金の全額を収入認定した判断過程は不適切だった」という裁決を出しました。同時に、それまで収入認定除外の対象だったのは、修学旅行費やクラブ活動費くらいでしたが、塾代、模擬試験代、教材費、塾に通う交通費なども収入認定除外にするという通知が出ました。２０１５年10月１日から、**奨学金やバイト代をこれらのものに使った場合、保護費は減額されない**という運用に変わったんです。この通知も、太郎さんの質問あってこそだと思います。

小久保　厚生労働大臣が裁決を出すこと自体珍しくて、しかも裁判で争っている最中に当事者の訴えを認める裁決を出すのは極めて異例なんですよ。それと同時に制度変更の通知も出したっていうのは、すごく大きなことです。

この日の質問では、福島の件と一緒に、バイト代の申告義務についても聞いて頂いたんです。神奈川県の生活保護世帯の高校生の女の子が一年間アルバイトをして総額33万円の収入を得たのですが、これを収入申告していなかったことが、その子が大学生になってから課税調査でわかった。生活保護世帯では、高校生のバイト代であっても、申告しなければならない。申告しなかった時は原則として「不正受給」と扱うようにという厚労省からの通知があるため、バイト代33万円、全額返還命令が出されたんです。

もし申告していれば、未成年控除と言って、一律１万１４００円が控除された。あと、修学旅行費とかクラブ活動費も、高校生の自立に資するものだから収入認定されない。申告さえしていれば全額そういう費用に使うことができた。実際、その子はバイト代を修学旅行費や大学の受験料に使っている。バイトしながら頑張って勉強して、大学にも合格してるんです。

それなのに不正受給だから全額返還ってことに対して、それはひどいと父親が提訴した。２０１５年３月、裁判所はこれはあまりに酷だってことで、不正受給と返還決定取り消しを命じる判決を出したんですね。これを受けて、通達を変えてくれということをずっと言ってたんですけど、２０１８年春、通達が変わったんですよ。中身を簡単に言うと、収入申告義務をちゃんと理解できないような世帯もあるんだから、その辺は**柔軟に判断すべきだって文言が加えられた**んですね。これはたぶん、太郎さんに質問して頂いたことによって加えられた。

――すごい！　生活保護制度で変わったことと言えば、大学の受験料や入学金に使う場合も２０１６年５月から収入認定除外になりましたよね？　これも質問で太郎さんが言っていましたね。

小久保　そうですね。今までなぜ収入認定除外にならなかったかというと、生活保護世帯の大学進学は基本、国が認めていない、だから大学進学のための塾代なんかは収入認定除外できないって理屈だったんですね。要は高校を出たら働けと。働かなきゃいかんのに大学に行くのは、働く能力を活用せずに怠けているという理屈だったんですよ。でも、頑張って勉強してるのに、怠けて働かない人と同じに扱うのはおかしいじゃないかっていうことで追及して頂いたんですよね。その結果、**塾代なんかを収入認定除外すると変わっていって、その後、受験料と入学金も加わった。でも、授業料はまだです。**

――じゃあ、次に目指すべきは、授業料に使う場合も収入認定除外にということでしょうか。

小久保　まずはそうですが、そもそも、大学に進学すると世帯分離されちゃうってことを廃止すべきだと思うんですよ。

――世帯分離について、ちょっと説明してもらえますか。

小久保　生活保護を受けている世帯の子どもが大学に進学すると、世帯分離というのをしなくてはならない。世帯分離とは、実際に同じ屋根の下に住んでるんですが、その大学生はいないものとして扱う。生活保護費がその大学生の分だけなくなる。

――よって本人も家族も生活が苦しくなると。

太郎　大学に行ってるのに、学費と生活費のバイトで働きっぱなしになって勉強どころじゃないという状態になると。

小久保　はい。だから生活保護世帯から大学・短大・専門学校への進学率は35・3%にすぎません。今、一般世帯は大学や専門学校の進学率が、浪人を含めると81・5%。昔は高校生も世帯分離されてたんですよ。でも高校進学率が8割を超えた時に世帯分離はやめて、生活保護費は出すようになった。

太郎 今、ちょうど世帯分離はやめ時なんですね。

小久保 そうなんですよ。生活保護世帯の大学生は奨学金とバイトだけで生活を支えないといけない。だからなかなか学業が続かない、卒業までがしんどい子がいるので、世帯分離はやめて、せめて生活費は取り上げないで、と。

太郎 高卒と大卒だと、生涯賃金も違いますもんね。

小久保 現実問題として、高卒だと男性で2億7300万円、女性で1億4640万円。大学・大学院を出れば男性で2億7000万円、女性で2億1670万円と全然違う（独立行政法人労働政策研究・研究機構『ユースフル労働統計2017』より）ので、大学に行くということはそれだけ、貧困から脱する、貧困の連鎖を止められることとなんです。

太郎 世帯分離されると、一人がいないことになるのでその分、住宅扶助費（家賃）も下がりますよね？ それで引っ越さなきゃいけなくなったケースなんかもありますか？

小久保 聞いたことはあります。例えばお母さんと二人暮らしの子が大学に行って世帯分離されると、一緒に住んでいるのにお母さん一人分の生活保護費しか出ない。住宅扶助費も二人で住む時より減額されてしまうので、ものすごく苦しくなる。地域によっては柔軟な対応だったところもあるんですけど、これも通達が変わって、家賃分の減額をしないといけなくなった。その通達をせめて元に戻せと太郎さんに質問して頂いて、それも2018年4月から、変わりました。要は、大学に進学すると、生活扶助費（生活費）だけじゃなくて家賃分も大学生の分は減らされてたんですけど、**家賃分については減らさなくていいということになったんです。**

――素晴らしい！ 生活保護については、思った以上に成果があったんですね。

小久保　めちゃくちゃありますよ。だから大学進学関係では、質問して頂いた中でまだ実現していないのは、本丸の世帯分離のところなんですね。

——２０１８年から、生活保護世帯の子どもが大学に進学する時に一時金（親と同居の際は10万円、家を出る場合は30万円）が出ることになりましたが、やっぱり世帯分離が重要ですよね。それにしても太郎さん、福島の高校生の奨学金取り上げに対する裁決や運用の変更をはじめとして、こんなに成果が上がっていたとはすごいですね。

太郎　いえいえ。一歩進んだのは、共産党の田村智子さんの追及もありましたし、最終的に公明党の議員が質問して公明党の大臣がシュートを決める、ということがあったからだと思います。

ただ、この問題って、質疑を聞いてる周りの国会議員の反応が違うんですよ。明らかに、これはひどい問題だって。なので、「なんでお前もっとこう言わないんだ?」ってアドバイスをしだすんですよ、与党側の人が（笑）。

小久保　あとでこっそり言うんですか?

太郎　そうなんですよ。最初に言われたのは、「どうしてお前、三役呼んでないんだ?」って。要は大臣とか副大臣、政務官を呼べってことなんですけど。役人では限界があると。ここで約束することは無理なんだと、だから政治家に約束させせないとダメなんだっていう基礎を入れ知恵してくれて。その次の質問の時には約束させられるように政治家を呼びました。電話をくれた人もいます。「この間のお前の質問、詰めすぎや」って。向こうは「検討します」って言ってるのに、お前そこからさらに詰めたやろって。あれはやったらあかんねんって。押し引きの方法を教えてくれたわけです。

他にも法案審議で来てた政務官が、質問終わったあと、「別の部署も呼んでみたら答え変わるかもしれん」って耳打ちしてくれたこともあります。

みんなの意識の中に、子どもがこんなひどい目に遭ってるってことは無視できないというのがある。ひどい政権だしひどい政治が行われているけれども、みんなそれじゃまずいよなってことは、表立っては言わないけど、突っ込んでいるやつに対してアドバイスしたりはしてくれる。その基となる部分を小久保さんが支えてくださってるんです。小久保さんの素晴らしいところは、アフターフォローまでしてくれる（笑）。「あの表現はまずいです」とか、関係者の方から言われたことを伝えて解説してくれて、メールしてくださる。

――質問はいつもリアルタイムで観てるんですか？

小久保　いや、だいたいあとでネットで拝見してます。

太郎　すごく珍しいパターンなんですけど、小久保さんの質問は、送ってくれたものをそのまま読んでも成立するくらい完成度が高い。他にレクチャーしてくださる方は、聞き取りをして、だいたいそこで終わりなんですね。あとはこっちで組み立てていく。でも小久保さんは叩き台どころか完全原稿やん、みたいな形で送ってくださる。

小久保　弁護士なんで、尋問するんです。**法廷だと思って、役者の山本太郎に演じてもらう。**

――なるほど！　作・演出　小久保哲郎、主演　山本太郎ということですね。

小久保　法廷での尋問には必ず獲得目標があって、こう聞いたらこう答えるやろうなっていう想定をしながら質問をするんです。弁護士からすると、国会議員の質問って、自分の意見ばっかり言う人が多いのですごくストレスたまるんです。回答を得るためなのに、そんな聞き方してもって。自分の意見を押し付けるだけでは単なる演説なので、やっぱり認めさせるところ、否定するところを固めていって、外堀から周辺を埋めていく。そういう尋問技術が必要なんです。

太郎　そんな質問の中に、**笑いを入れたりもしてくる**（笑）。中卒と高卒と大卒では生涯賃金も変わってくる、この国には学歴主義がまだ残ってる、という話の流れの中で「中卒の私が言ってるんだから間違いない」みたいな言葉を入れてくれたり（笑）。これは削られへんなって（笑）。

小久保　大変失礼しました（笑）。

太郎　叩き台さえ作ってもらうのが難しい中、こっちが組み立てて作って行くのが大前提なのに、小久保さんはそういう形で提供してくださる。

小久保　でも、いつも必ずしっかり準備して、ご自分で咀嚼して質問を組み替えたり、よりわかりやすい表現に変えたりして頂いています。質問の前日とか、電話で「ここどういう意味ですか」とか聞いてくれはるんですけど、後ろが結構うるさくて、「今、ファミレスで明日の原稿作ってます」ってことありますよね（笑）。どんな国会議員やねん（笑）。

太郎　状況にもよりますけど、事務所のみんなが僕を置いて帰れない、帰りづらいような空気になったらファミレスに行くんですよね。それで「あ、ここ」と思った時に、夜遅いけど小久保さんに電話させて頂いたり。

生活保護については、基本の基本みたいな質問もしたいですね。大学進学に関することだけじゃなく、自民党がバッシングを始めたということなんかも。

小久保　２０１２年、自民党の片山さつきさんの生活保護バッシングがあって、生活保護がすごくターゲットになってきたんですけど、２０１２年８月には社会保障制度改革推進法って法律ができて、一言で言うと社会保障削減法なんですよね。それに基づいて年金とか介護とかすべての社会保障分野が削減されているので、そういう意味で言うと、生活保護は社会保障削減の生贄みたいな位置付けなんです。そんな大きな観点での質問もぜひしてほしいですね。

海外のいい事例も伝えたいですね。例えば韓国では、2014年に「社会保障給付の利用提供及び受給権者の発掘に関する法律」っていう法律ができて、「死角地帯の解消」というのを政府目標に掲げてるんです。給付漏れの層を作らない。ソウルの地下鉄には「生活保護、死角地帯を探します」って車内広告があります。あと、生活保護基準よりちょっと上の収入の人も、「単給」と言って、住宅扶助だけを、家賃補助のような形で受けられるようになったんです。そういうことを国をあげて漫画や動画で広報して、今、受給率が上がってきている。

――ぜひ、日本もそういう方向に行ってほしいですね。では最後に、最初からレクチャーしてきた「生徒」として、太郎さんに今後期待することはなんですか？

小久保 やっぱり発信力がすごくあるのが心強いですね。何か上から目線みたいで失礼かもしれないですけど、質問の仕方とかもすごく的確で上手になられた。年末年始にはホームレスの人たちの炊き出しにも行かれたり、すごい地道な活動もされてるし、そういう国会議員らしくない、でも本当は国会議員はこうあってほしいっていう活動をして頂いてるなって思います。生活保護の分野で言うと、大学進学の世帯分離の問題、あと一歩だと思うので、ぜひ今後も追及して頂けたらと思います。同時に社会保障制度全体についての質問、発信もしてほしいですね。アメリカのバーニー・サンダースさんとかソウルのパク・ウォンスン市長とかもそうだと思うのですが、労働とか生活の問題を改善していくような政策提言を柱にして、その発信力でわかりやすく国民に伝えて頂きたいと思います。

成果その4　オリンピック野宿者追い出し問題において、野宿者からレクチャーを受けて国会質問。事態が動く

【さて、次に紹介したい「成果」は、オリンピック準備のどさくさに紛れて野宿者が何度も公園から排除されそうになった、という事態についてだ。

野宿者。おそらく住民票がなく選挙権のない彼らは、多くの政治家にとって「声を聞く必要のない存在」とされているのではないだろうか。

しかし、山本太郎は彼らの話に耳を傾けた。「長年住んでいる明治公園から、オリンピックを口実に追い出されようとしている」という4人の野宿者の切実な声だ。普通の善意の政治家だったら、「それでは生活保護を受けてまず住む場所を確保しましょう」となるはずだ。そうして支援者の助けを受けて生活を再建し、働ける人は働いて自立。教科書的には、これが「正解」だ。

しかし、明治公園に住んでいる人たちは違った。福祉を受けるのではなく、別の公園に移りたい、という要求をしたのだ。過去に福祉につながったことがあり、そこで嫌な思いをしたのかもしれないし、人づてにさまざまな噂を聞いていたのかもしれない。ホームレス状態の人が生活保護を受ける際は、まず施設に入れられることが多いのだが、環境は多くの場合、劣悪だ。また、施設から無事にアパートに移ったからと言って「解決」ではない現実もある。野宿の時は周りの野宿者たちと助け合い、そのコミュニティの中で暮らしていたのに、突如孤立したことでアパートにひきこもったり孤独死したり自殺したりといったケースは実際に起きている。

そんなこんなの背景があったのだろう、野宿者たちは「このまま別の公園で暮らしたい」という要求をした。

政治家にとっては、なかなかに扱いづらい特殊な要求である。なぜなら、人々に「理解」されづらいからだ。甘えている。わがままだ。そんなに野宿がいいならホームレス支援なんてする必要ないじゃないか。そんなふうに受け取られてしまいかねないからだ。しかし、太郎は果敢に「**野宿の権利**」を打ち出した。オーストラリアでは、シドニーオリンピックをきっかけに、ホームレスには「路上の権利」、つまり公共空間である路上に滞在する権利があることが定められたということを突き止め、そのことを質問に盛り込んだ。

そうして太郎は、内閣委員会の質問で、オリンピック担当大臣（当時）の丸川珠代氏につめよった。

「オリンピックムーブメンツアジェンダ21には、〝社会でもっとも恵まれないメンバーに、特に注意を払わなればならない〟と謳《うた》われています。オリンピック担当大臣として、どう思いますか？」

「ＪＳＣ（日本スポーツ振興センター）による野宿生活者の追い出し、これはアジェンダ21に、反していないですか？」

「東京都は、当事者と話し合いの場を持ってください」

国会議員が、担当大臣に「野宿者と話し合うこと」を都に促せと国会質問で述べる。前代未聞のストーリーの始まりだった。】

「野宿生活者を応援する有志」の小川さんの話

【さて、ここでまず、「国立競技場周辺で暮らす野宿生活者を応援する有志」の一人として活動する小川てつオさんに話を聞こう。追い出しに怯《おび》える野宿者を支援してきた小川さん自身も、別の公園で野宿している。連絡係として太郎にこの話を持ち込み、支援を求めたのは小川さんだった。その後、彼は太郎の質問作りにあたって、様々な情報を提供している。野宿者にレクチャーを受けて質問を作る議員というのも初耳だ。そんな小川さんは太郎とは同世代。小川さんに、話を聞いた。

※ＪＳＣ（日本スポーツ振興センター）という言葉が頻出するが、それは東京オリンピックのメイン会場、新国立競技場建設を推し進める独立行政法人である。】

事の発端は、２０１３年9月に東京でオリンピックが開催されることが決まったことです。

その翌月、明治公園で小屋を作って暮らしている野宿者――当時で10人ほどでしたが――に東京都（建設局公園緑地部）が「工事があるから出ていけ」と突然言ってきました。驚いてＪＳＣに尋ねたら、「新国立競技場建設の準備のために下水道工事を予定しているが、彼らが住んでいる場所は工事範囲にかかっていないこと」が判明しました。東京都の先走りというか、「この機会に追い出してしまえ」ということだったと思います。このことについては、東京都も「間違いでした」といったんは認めました。

野宿していた人たちは、追い出されても行き場がない。福祉に繋がっても、うまくいかない人はいかないんです。実際、明治公園からアパートに移ったけど、出てきて路上で暮らすことになった人もいました。

大抵は、まず施設に入れられるわけですが、貧困ビジネスと言われているような無料低額宿泊所だったりする。そういうところって大部屋だったり、仕切っているみたいな人がいて、その人と折り合いが悪いとやっていけなかったりする。２０１７年、さくら福祉推進協会というＮＰＯがやっている施設で、管理人に入居者が殺されるという事件が起きましたが、少ない職員に負担がかかる中で暴力的な管理がまかり通っている現実があります。そもそも、生活保護をとってそういう施設に入るわけですが、いろいろ天引きされた上に手元に1～2万円しか残らないのが普通だから、そこから次の展開を考えるのも難しい。別の施策だと、「自立生活センター」というのがあるんですが、そこは一般的な就労を求められる。だけどみんな高齢だし、就労とか言われても難しい。野宿で生活してる人たちがアルミ缶を集めて換金するのもひとつの仕事だから、それを辞めて施設に入れというのも厳しいところがあるんです。

それで、渋谷や山谷の野宿者や野宿者支援をしている人たちで「国立競技場周辺に暮らす野宿生活者を応援する有志」というグループを立ち上げて、当事者とともに週一回ペースで現地で会議を持ちつつ活動を始めたのです。そして、ＪＳＣと団体交渉をすることになりました。こちらからの要求は、主に「話し合いで解決すること」「野宿者の強制排除はしないこと」「野宿者の生活に影響のある工事を行わないこと」です。

交渉は２０１４年７月から始まって、時には４～５時間に及びました。しかし、翌年７月の国立競技場設計案の白紙撤回くらいから、ＪＳＣの態度が硬化して話し合いから逃げるようになりました。そして、９月に東京都が行政代執行に向けた指示書を出してきた。この場合の行政代執行というのは、行政がテントを撤去するということです。

そんなことで困っていた２０１５年末、渋谷の美竹《みたけ》公園の越年現場に山本太郎さんが来てくれて。そこでいろんな人たちと喋って、そのあと、みんなで明治公園の問題について、山本さんの事務所に行って一度きちんと説明した方がいいのではという話になったんです。

そうこうするうちに２０１６年１月27日、警官含めて突然１５０人くらいが明治公園にやってきて、強引に工事のための囲い込みを始めようとした。実はこの日、明治公園のほとんどの敷地を東京都がＪＳＣに無償貸与したんです。東京都は行政代執行を諦めてＪＳＣに追い出しを肩代わりさせたとも言えます。

ＪＳＣは出入り口やトイレへの通路を封鎖しようとしたりしてたんですが、こっちは応援もどんどん呼んで、押し返してたんですね。

その時に、山本さんが来てくれたんです。ＪＳＣが朝に来て、すぐにこちらから山本さんの事務所に連絡した。事務所からもＪＳＣに連絡を入れてくれたようで、「山本太郎が来る」ということも、ＪＳＣが引き上げたひとつのきっかけになったのではないかと思います。

【その後、太郎はスポーツ庁とＪＳＣに質問書を出す。が、どちらからも納得の行く回答は得られなかった。そして3月14日、ＪＳＣがついに法的に追い出しをかけてきた。裁判所に土地の明け渡しの仮処分を申し立てたのだ。】

２０１６年4月に、山本さんは内閣委員会の質問の冒頭でこの問題に触れてくれています。「ＪＳＣは話し合いにも和解にも全く応じようとしないんですよね。私は、オリンピック憲章に反するＪＳＣには東京オリンピック・パラリンピック、推進する資格はないと思うんです。遠藤大臣（当時）、ぜひＪＳＣに対して話し合いと和解に応じるよう指示をして頂きたいと思います」って。

この時期は、布団小屋を作って何人もが泊まり込んで応援していたのですが、いつ土地を明け渡せと来てもおかしくない状況でした。こちらは毎日戦々恐々とするような日々で、4月14日に内閣委員会でこの問題に触れてくれたことは嬉しかったです。

が、その2日後に、強制執行が来ました。２００人くらい、裁判所の執行官と執行の補助をする専門業者と警察がやってきて、すべて排除されてしまいました。野宿者たちは生活物資などの荷物をすべて東京湾岸の豊海《とよみ》の倉庫に持ち去られ、まさに裸一貫で路上に叩き出されたんです。

その後、4人は明治公園の飛び地に移りました。「都営霞ヶ丘アパート」という団地に隣接している場所で、そのアパートも国立競技場のために立ち退きさせられていて、２３０世帯が3世帯まで減っている状態でした。その方たちも団地が解体される中で頑張っていて、野宿者とも一緒に花見をしたりなど交流が生まれていました。しかし、その飛び地も東京都が２０１６年9月30日に廃園にして、追い出しをかけてきました。ＪＯＣ（日本オリンピック委員会）と日本体育協会（現在は日本スポーツ協会）のビルを建てるためでした。またもオリンピック絡みの追い出しか、という感じでしたね。10月1日に東京都職員と工事業者が飛び地を囲うためにやってきたんですが、みんなで徹底的に抗議して諦めさせました。10月3日も追い返して、午後には緊急で記者会見も現地で行いました。そこには山本さんも駆けつけてくれたんです。

記者会見。右から小川てつオさん、山本太郎、吉田哲也弁護士。

僕らもＪＯＣに抗議したりして膠着状態に持ち込んでいました。

それで２０１６年10月20日、山本さんは内閣委員会でこの件を質問してくれたんです。これは非常に大きかった。これまで現場の野宿の人たちが頑張ってきたことに加えて、質問はかなり効いたと思います。たぶん、内閣委員会でこういう質問をするってわかった時、国が東京都に「どうなってるんだ」って聞くんじゃないでしょうか。そうすると、国から都へ、すごいプレッシャーがかかるわけですよね。

質問当日は野宿の人たちと一緒に傍聴に行きました。でも、みんな国会傍聴とかしたことないからすごい大荷物を持ってきて、ゲートの身体検査ですごい時間かかって（笑）。ポケットからも全部物を出さないといけないからすごい時間がかかる（笑）。あと、傍聴券なくしたりして（笑）。

質問ではかなり追及してくれて、質問時間の20分すべてを使って明治公園のことを言ってくれたんです。野宿の人の状況について、なぜ福祉に抵抗がある人がいるのかなどについても説明しながら質問してくれました。

その翌日、都からぼくらに電話がかかってきたんです。「代替地を含めた話し合いをする気がある、検討して返事がほしい」と。交渉の時はこれまでと態度ががらっと変わってて、丁寧で、猫なで声で、「代替地はどこが良いでしょうか？」みたいな（笑）。

その後、都と交渉し、話し合った結果、それぞれが希望する都立公園に移転しました。

【野宿者が公園を移る。「ホームレスだしそんなの簡単じゃないか」と思う人もいるだろう。が、現在、東京都内ではそれはとてつもなく難しいことなのだ。なぜなら、公園への新規流入が禁止されているから。都は公園の管理事務所に厳しく「新規流入禁止」を求めているため、新しくテントを建てることはまず無理だ。「最悪、ホームレスになったら公園にテントでも建てて住めばいいや」なんて言う人を見かけるが、都内に限ってはそれは既に不可能なのである。】

この暮らしをしていると、自殺しきれずに野宿者になった人にもけっこう会います。公園で首吊りがあったなんていう話も毎年のように聞くんですね。その中の幾人かは、テント暮らしができれば死ななかったかもしれません。冬にベンチで凍死する人もいないでしょう。公園は、避難場所としてもあるべきなので、新規流入禁止なんて非人道的なのですが、それがルールになってしまっている中、これまで、野宿者が他の公園に移ることはありませんでした。でも、彼らは移動できた。これは画期的なことです。

今、僕たちはＪＳＣと東京都、国に対して、土地明け渡しの仮処分を問う裁判をしています。これ以上、オリンピックによって追い出しをさせないという歯止めになればと思っています。

野宿の人たちは、太郎さんに対して「よくやってくれている」と言う人が多いです。

オリンピックを前にして、野宿の人だけじゃなく、精神障害者の排除とか、そういう管理・監視が厳しくなるんじゃないかということが気になりますね。１９６４年の東京オリンピックの時は「環境浄化」と露骨に言われて、野宿の人や精神障害者だけでなく、家出している人とかフラフラしている人が施設みたいなところに収容されたそうです。今、ＬＧＢＴへの差別とヘイトスピーチに関しては、オリンピックがあるからダメって感じになってますが、それ以外については何も言ってないですよね。

そういうこともあるので、山本さんとは今後も一緒にやっていきたいし、やっていかないといけないと思ってます。

【ここまでの話を聞いて、太郎に直接疑問をぶつけてみた。なんで票にもならないだろう野宿の人の声に、こうして耳を傾けるのか。しかも、福祉に繋ぐのではなく「野宿の権利」と打ち出すと誤解だってされるだろう。いくら助けを求められても、「忙しいから」とスルーする手だってあるのだ。】

だって、自分が当事者だったら動いてくれる政治家、欲しいでしょ？　それだけかな（笑）。福祉に繋がって、そういう人たちが幸せだったらいいけど、ドヤみたいなところに押し込められて自由もなくて、その中でもいじめがあったり暴力があったり。そこに入って先、新しい生活がイメージできるような、就労支援とか希望の持てるような施設だったら福祉に繋げた方がいいと思えるけど、そことは真逆の地獄のようなところに送られるくらいだったら、もう俺は外でいいよ、という人たちなんだから。

これは紛れもなく日本の福祉の欠陥部分。そこからこぼれ落ちた人たちに対して、だったらその選択肢を認めるしかないだろう？　と。福祉のあり方を根底から変えるか、それともその人たちの希望を叶《かな》えるか。根底から変える気がないのなら、この人たちの望んでることを叶えろよ、ということです。

【たった4人が公園を移った。なんか意味あるの？　という人もいると思う。しかし私は、**一番立場の弱い人の権利が侵害されると、それはゆくゆくは全体に及ぶ**と思う。例えば今、正規と非正規を均等待遇に、ということが打ち出された果てに起きていることがまさにそうだ。非正規を正規並みに引き上げるのではなく、正規の福利厚生などをなくすことによって「均等待遇が実現した」なんてことが起きている。結局、下に合わせるのだ。均等待遇で非正規側が得るものはなく、正規が失うだけ。誰かの権利が侵害され、それを放置しておくと、結局は、そっちに合わせて全体が地盤沈下するのだ。

また、書いておきたいのは、ホームレス状態にありながら生活保護を受けたことによって「救われた」「助かった」という人たちももちろんたくさんいるということだ。

一番大切なことは「**本人がどうしたいか**」、**それが尊重されるということ**だと思うのだ。】

成果その5　入国管理局に収容されている外国人からのSOSに対して動いたら、細かいけどいろいろ変わった

【入管の収容所において、外国人への虐待が問題になっていることをご存知だろうか？

入管とは、入国管理局。出入国審査をするだけでなく、滞在ビザのない外国人を施設に収容することも業務のひとつだ。収容者の多くは、オーバーステイなどの理由で収容となった人々。しかし、その中には難民申請をしている人もいるし、日本に家族がいる人もいる。また入管の収容所自体、一時的な収容を想定した施設にもかかわらず、何年間にもわたって長期収容されている人もいる。もっとも長く収容されている者は6年にも及ぶ。法務省によると、2007年から2018年10月末までの間の入管収容所における死者は13人。うち自殺は5人。

以下、国籍と死因だ。

2007年2月22日　東京入国管理局　ガーナ　肺炎
2008年1月1日　西日本入国管理センター　インド　縊死《いし》
2009年3月21日　東京入国管理局　中国　縊死
2010年2月9日　東日本入国管理センター　ブラジル　非定型縊死
2010年4月9日　東日本入国管理センター　韓国　縊死
2010年4月20日　東京入国管理局　フィリピン　死因不詳
2010年12月14日　東京入国管理局　フィリピン　急性心筋梗塞

２０１３年10月14日　東京入国管理局　ミャンマー　くも膜下出血
２０１４年３月29日　東日本入国管理センター　イラン　低酸素脳症
２０１４年３月30日　東日本入国管理センター　カメルーン　病死
２０１４年11月22日　東京入国管理局　スリランカ　急性心筋梗塞
２０１７年３月25日　東日本入国管理センター　ベトナム　くも膜下出血
２０１８年４月13日　東日本入国管理センター　インド　絞頸《こうけい》

ちなみに「縊死」とは、首をくくって死ぬこと。自殺未遂者はさらに多く、病死とされている中には身体の不調を訴えていたものの病院に行かせてもらえず、放置されていたケースもあるとみられている。そんな収容所は全国各地にあり、２０１８年10月末の時点で１４１２人が収容されている。

この入管の収容所問題にも、山本太郎は踏み込んできた。

収容されているのは外国人。やはり票に結びつかないので、動いてくれる政治家は少ないだろう。しかし、議員一人が動くことで、変えられることはあった。】

この問題に関心を持ったのは、２、３年前のことです。入管に収容されている人から「助けてください」って手紙が来たんですよ。そこから、支援者や弁護士さんたちと繋がってレクチャーを受けて実態を知っていきました。

ただ、入管の問題となると、管轄《かんかつ》が法務委員会なんです。法務委員会には２０１６年７月以降、自由党の議員の席はないから、自分の入っている委員会で、他の問題と関連づけて質問するしかない。明治公園の問題と同じように、オリンピック憲章の話を出して、「入管行政において、オリンピック憲章から外れたようなことが行われているんだったら、それを是正するために法務大臣と直接話して頂きたい」というやり方で質問してきました。

２０１８年夏には、茨城県・牛久《うしく》と東京都・品川の収容所に視察に行きました。

この夏はむちゃくちゃ暑かったのに、牛久では、夜の10時、11時以降はエアコンが切られるという声が届いていたんです。入管の方は「電気代が」みたいな話をするんですけど、熱中症で死者も出ているほどの猛暑の中、これはまずいと。そういう話を直接しに行きました。

シャワーについても問題があって、午前中は水しか出ないとか、そんな状況だったんです。そういうことを直接行って言うと、すぐに変わったんですね。クーラーは止められなくなり、シャワーは午前でもお湯になる。それくらいのことは議員一人でもできるということがわかった。

その後、大阪入管の収容所に入っている外国人の支援者からメールが来て、大阪入管の収容所も夜、クーラーが切られると。なので法務省に電話して、「クーラー入れてもらうためには直接大阪入管に行ったらいいんですか？」って聞いたんですよ。そうしたらすぐに対応してくれた。よっぽど僕が行くのが嫌だったんだろうな（笑）。

だから、クーラーのオンオフって部分くらいは一人の議員でも動かせる。でも、問題は他にも膨大にあって、入管の中にいながら医療に繋がれない人もいる。

ある人が、体調が悪いのに病院に行けていないという連絡が支援者から来て、直接、その人が収容されている入管に電話しました。

「○○さん、こんな状態で、医者に連れて行ってもらわなければ困る。もしこれで状態が悪化して何かあった場合、私がこうして連絡してても対応してくれなかったってことで、国会で問題にすることになる」と言いました。そうしたらその人、すぐに病院に連れて行ってもらえた。しかもその後、仮放免になったんです。解放されたんです。

だから、一人をどうにかするっていう部分は、なんとかなる可能性があるんです。でも、それだけじゃどうにもならない。本当にやるべきことは、入管施設のあり方を変えることなので。

【意外な成果の数々、おそらく初めて知ることばかりだったのではないだろうか？

国会議員の数は707人。

707分の1で何ができるのか、というのはよく聞く言葉でもある。

しかし、ここまで読んで頂いてわかる通り、山本太郎という一人の議員がいたことによって、変わったことは確実にある。

そして彼が寄り添ってきたのは、被災者やDV被害女性、生活保護世帯の子ども、野宿者、外国人といった「もっとも弱い立場に置かれた」人々だ。声を上げられない、上げても掬《すく》いあげてもらえない確率が高い人々だ。

牛歩などのパフォーマンスばかりが注目を浴び、「キワモノ」扱いされる山本太郎だが、その実態は、光の当たらない場所にいる人々と地道に歩む政治家である。】

第2章　なぜ、小沢一郎氏と合流したのか？　そしてなぜ、牛歩をしたのか？

【無所属としてたった一人、政治の世界に乗り込んだ山本太郎だが、2014年12月、あの小沢一郎氏率いる「生活の党」（当時）と合流することになった。そうして党名はあろうことか「生活の党と山本太郎となかまたち」に変わる。

いったいなぜ、そのような展開となったのか。また合流の背景には、何があったのか。太郎と、そして小沢一郎氏に聞いた。】

一郎、太郎と合流する

2014年、選挙で小沢さんところの生活の党が4人になって、5人じゃないと政党要件を満たせないって時に声がかかったんです。

小沢さんのイメージは、普通の人だったら自殺してるレベルの経験をしてるのに、今も現役でやり続けてる。すごい精神力で激動の人生を生きてる人だなあ、という印象を持ってました。超エリートコースで来たわけですよね。自民党の幹事長とかやりながら、政権交代を二回やって、そのあとで国策捜査みたいなことでひどい目にあって、普通なら「もう終わった」って思うかもしれないのに、諦めていない。「ご一緒しませんか」という話が来た時、ご飯を食べることになって行きました。一緒になるには政策で一致しているか、そして合流したらどうなるかを、まず自分の中で整理しましたね。

小沢さんのグループが民主党を離れた理由のひとつは、消費税増税への反対。これは20年続くデフレや人々の生活を考えれば、当然の反対です。

もうひとつ、生活の党は、原発事故で区域外避難する人々に避難の権利を与える、国がバックアップするという政策を掲げていた唯一の党でした。

このふたつで、一緒にやることに無理はないと判断しました。

一緒になって何が変わるか。発言力です。

無所属のままだったら、発言の場を持てるのが内閣委員会一個だけ。あとは質問主意書と、本会議で賛成・反対のボタンを押すだけ。もともと無所属で出たんだから「党に入るなんてけしからん」という人も出てくるだろうなと思いながらも、じゃあ合流したらどういうことが可能になるかも考えました。

まず政党だから、テレビに出られる可能性がある。視聴率1％で100万人。国会の中での発言を考えても、無所属だとひとつの委員会にしか入れないけど、政党に入った場合はその数が増える。そう考えた段階で、これはもう行かなあかんわ、と。自分の中の優先順位としては、テレビに出られる、発言の場が増えるということがありました。確実にテレビに出してもらうためには、党首になるしかないと思いました。

条件は三つ。

共同代表という形にできませんか？

党議拘束、なしでいいですか？　（法案賛否は自由でいいですか？）

党名を変えるの、ありですか？

こちらがまず党名として提案したのは、**「太郎と一郎」**（笑）。**「新党・太郎と一郎」**（笑）。小沢さんは先輩なので、**「一郎太郎」**の並びでも結構です、と（笑）。そしたら「なるほどなぁ」って。小沢さん、すごいなと思ったのは、普通に「なるほど」って話を聞いてくれる。全く怒らず、普通に会話してくれる。愛想笑いもせず淡々と。普通はぶん殴られるレベルの提案なのに。

「ただ、その名前だと、もしも衆議院の解散があった場合に、候補者の名前が入っている党名にはできないから、選挙の前にまた党名を変えないといけなくなるね」ということを言われました。すごく冷静に。

もうひとつ出した党名が、「生活の党と山本太郎となかまたち」（笑）。

「山本太郎」と名前が入っている方に関しては、君の選挙はもうちょっと先だから、こちらは可能性があるね、というようなジャッジを冷静にする。どっちの党名にしても絶対断られると思ったんだけど、「みんな（生活の党の他の3人の国会議員）に聞いてみてOKだったらOKだよ」と。

【そうして「生活の党」は2014年12月、「生活の党と山本太郎となかまたち」に党名を変更。この時、小沢氏以外の生活の党の議員は、のちに沖縄県知事となる玉城デニー氏、主濱了《しゅはまりょう》氏、谷亮子氏の3人。よくOKしてくれたものである。】

完全に若気の至りですね（笑）。せめて「生活の党と山本太郎たち」ぐらいの短さにしておくべきだった。ちなみに「なかまたち」っていうのは、支援してくれる人たちを指していました。

【共同代表になってすぐ、太郎は「生活の党と山本太郎となかまたち」のポスターを作成。次ページのものだ。】

これが問題のポスター

こんなポスター、よく小沢氏がOKしてくれたものである。】

（久々にポスターを見た太郎。爆笑しながら）これが、党の公式ポスター！　デニーさん、これにはちょっと怒ってた（笑）。このポスターにってことじゃなくて、要は僕と小沢さんの間だけで決めちゃったから。デニーさんは幹事長だし、幹事会に諮《はか》ってくれないと、と。あのポスターがNOというわけじゃないけど、手続きとしてって話をされて、申し訳ございませんと（笑）。まあ普通、怒りますよね。ずっと小沢さんのそばで支えてきた人間として、いきなりこんなクソガキが出てきて、訳のわからない党名になってこんなポスターまで作って（笑）。それでも冷静さを失わないデニーさん。無茶苦茶できた方です。

でも、政治に興味のない人に興味持ってもらうためには話題性は大事かなと。当時、「コラージュじゃないか？」ってちょっと騒がれて、「いや、リアルに公式らしい」ということで一瞬話題になりました（笑）。

2016年10月、「自由党」になった時はみんなほっとしたでしょうね。やっと呪われた時間が終わるって（笑）。

【2014年から2018年までの4年間、太郎は玉城デニー氏と共同代表と幹事長という立場で接してきた。

そうして2018年の沖縄県知事選でデニー氏は見事当選するわけだが、今、もっとも注目される政治家の一人、玉城デニーとはどんな人なのだろうか？】

気遣《きづか》いの人ですね。たまに自由党の所属議員の秘書を集めてご飯に連れて行ってくれて。そのあとみんなでカラオケに行って盛り上げてくれるそうです。あと、なかなか話が決まらない時にまとめてくれたりもしていた。結構、お互い頑《かたく》なになりそうな案件に対して、お互いが譲歩するような「じゃあ、ここはこうして、こっちに行きませんか」というような提案をしてくれる。賛否が分かれるものに関して間をとりもって、落としどころを見つけるのがすごく上手な方ですね。そういう意味で沖縄って、政府と地元で賛否が分かれてぶつかり合っている場所でしょう？　どちらの意見も聞いて、顔を立てながら、それでも本質は見誤らずに着地させることができる人じゃないかな。

小沢一郎氏にインタビュー!!　「山本太郎は総理大臣になれますか？」

【それでは、山本太郎に声をかけた小沢一郎氏に話を聞いてみよう。

政治家歴・約半世紀の小沢氏から見て、「永田町ののら犬」との異名も高い山本太郎という政治家はどう見えるのだろうか。「総理になれる可能性」まで聞いてみた。】

太郎くんとは、（2014年の）選挙が終わって、これからの話をしてる時に、知り合って、一緒にやろうやと二人で話して、「わかりました」と。

ただ、彼もずっと一人でやってきたからね、「生活の党と山本太郎となかまたち」という党名も、それを

小沢一郎氏

入れてという話があって、僕は別にそれでもかまわないよという話でスタートしました。

太郎くんは、これまでは組織の中に入ってなかったから、そういう意味で政党の一員としてやるということは、最初はちょっと戸惑ったんじゃないかな。今までの自己完結のパフォーマンスとは違ったところがあるから。

でも、自分一人でやってるのでは国会では何もできないと。党派に入って初めて発言もできるし、いろいろな委員会その他での発言が保証される。もちろん言いたいことも言えるというようなことで、ちょうどうまくいってきたというところなんじゃないかな。

次の選挙（2019年夏の参議院選挙）で当選すると僕は思うし、強いと思うけど、当選すれば二期目ということだし、一期目を生かして本当に政治家になると僕は思う。毛嫌いする人はいるんだけどね。知らない人が毛嫌いするよね。

太郎くんに総理大臣の可能性があるかどうか？

それはもう少し修行して、みんなに認められなきゃいけない。

総理大臣はひとつの党だけでできるわけじゃないから。太郎くんもかなり、そういうことがわかってきたと思う。だから、もっと政治家としての生き方、あり方、やっぱり天下国家、1億2000万の国民の国家だから、一部の人じゃないから。そういう人たちのことを全体としてどうすべきなのか、この国をどうすべきなのかという類のビジョンと理念をしっかりと勉強しながら持つようになってくれたら、僕はもうリーダーとして申しぶんないと思う。

だから多くの人たちとの信頼関係をもっと強めていかなきゃいけない。人間関係、信頼関係を。自分だけ良けりゃいいというのじゃ、それは総理にはなれない。そういうことを心がけることと、社会をどうしていくのかという大きな理念が大事だ。

それと、政策的なことはよくわかってるけど、これも基本は人間関係なんだけど、国会の中での実務経験も重要。

各党との折衝やら、いろんな国会運営のことやら。いわゆる俗に言う「雑巾がけ」をしないといけない。自分が喋るよりも、喋りたい他の人に喋らせるとかいうことも、徐々にしなければならない。

自分の選挙が危ないと言ってる間は総理にはなれない。だから選挙を盤石にすると同時に、他の人の選挙についても全部わかるようにならなきゃ、それで応援するようにならなきゃいけない。

「選挙が強い」というのは、政治家としても最大のことなんです。選挙を心配してちゃ何にも喋れない。選挙のためのパフォーマンスをするしかなくなっちゃう。だから僕は三回目の選挙から他人の応援に出て、四回目からはもう選挙期間中、地元に帰っていない。それでも当選させてもらってきたから、なんでもできるんだよ。自分の信念に従って。

選挙が不安では、総理どころか実際の政治活動もできない。

選挙というのはみんな馬鹿にするけどね、民主主義の原点だからね。主権者が主権を行使するのは選挙の時しかないんだから。選挙が終わっちゃったら何も言えない。安倍さんなんぞ、選挙終わっちゃったら、もう勝手なことしてるでしょう？　だけどそれを阻止する機会は選挙以外にない。だから選挙が強いということは、ものすごい評価になる。国民の信頼が厚いということです。

また、総理になるには、衆議院議員にならないといけない。参議院で駄目ということはないが、やはり一応、第一院が衆議院だから。衆議院に代わって盤石の地盤を形成できるようにしなきゃ。

太郎くんの牛歩について？　牛歩をやったら駄目とかって言ってない。野党の抵抗戦術のひとつとして認められてるんだから。ただ、それ以上のパフォーマンス（安倍総理へのお焼香パフォーマンス。詳しくは76ページ）は駄目と言ったんだ。それは国民からおふざけと見られるから。

太郎くんが作ったポスター？　それは構わないよ。自分の好きなように作れば。ただ、総理を目指すんであれば、奇をてらっちゃ駄目。党名も、「生活の党と山本太郎となかまたち」って党名なんていまだかつてないんだから。総理を目指すには、大多数の国民がなるほどと思うような党名にしなきゃ。

確かにパフォーマンスも人の気を引くという意味では最初はいいかもしれない。しかし回を重ねるにしたがって、ちゃんとみんなが納得するような政治活動をした上で、しっかり当選できるようにならないといけない。

僕自身は、つきあってすぐ、彼の能力や性格がわかった。とても頭がいいしね。非常に素直でいい性格だと僕は思う。勉強家だし。ところが他の人はわからないわけだから。最初は、他の政党の人たちとの間での距離感はあったと思う。「あんなパフォーマンスしてけしからん」とか。だけどずっとやってるうちに、他党の人も彼の性格やら何やらもわかるようになってきて、今では、彼をまったく知らない人は別にして、つきあってる人はみんな評価してるんじゃないかな。

【なんだか「怖い」イメージを抱いていた小沢氏は、笑顔できさくに「山本太郎」について話してくれた。しかし、「選挙」という言葉を口にすると途端に眼光は鋭くなる。さすが「選挙の小沢」と言われる人である。「総理の可能性」についての質問は一笑に付されるかと思っていたのだが、かなり具体的なアドバイスをしてくれた。

さて、牛歩の話が出たので、ここで牛歩についても振り返りたい。

太郎が初めて牛歩をしたのは2015年9月、安保法制の成立に抗議してのことだった。たった一人での牛歩は大きな注目を浴び、「ひとり牛歩」と名付けられた。

しかし、回を重ねるにつれて賛同者は増え、2017年6月、共謀罪（テロ等準備罪）の採決の場では、なんと7人が牛歩！

【なぜ、牛歩という戦術をとったのか、そしてどのようにその数が増えていったのかを太郎に聞いてみた。】

山本太郎が「ひとり牛歩」をした日、牛丼・松屋の株価が上がった

2015年7月15日、衆議院で安保法制が強行採決されて、次は参議院って時に、安保特別委員会に入れることになったんですよ。発言の場が得られた。これは対応を考えなきゃってなった時に、「山本太郎安保特別委員会対策チーム」が結成されました。

主なメンバーは、志葉玲さん、川口創弁護士、高遠菜穂子さん。

志葉玲さんは、イラクの取材に行っているジャーナリスト。川口弁護士は、名古屋高裁で、「自衛隊イラク派兵違憲判決」を勝ち取った弁護士さん。高遠さんは、イラク戦争後の2004年、イラクのファルージャで武装勢力に拘束されて人質となり解放。その後、今に至るまでイラク支援をしている人です。この方たちにご協力頂きながら質問を作りました。

イラク戦争って2003年なので、小泉政権の時ですよね？　小泉政権は、アメリカのイラク攻撃に

速攻で賛成した。その当時、安倍さんは内閣官房副長官でした。

イラク戦争後、世界の当時の指導者たちは、イラク戦争は間違いであると認めました。質問では、このことを突きつけて、安倍さんに「日本はどうなんだ？」と聞いたんですね。そうしたら「大量破壊兵器がなかったことを証明できないイラクが悪い」と言ったんですよ。

今だったら、「じゃあ森友学園、加計学園について、自分が何も関係ないことを証明できないあなたが悪いってことになりますよね？」って話なんですけど、世界の当時の指導者とは180度違う、なんの反省もないような答弁を繰り返しました。

【質問で太郎は、米軍による民間人の虐殺などの戦争犯罪について、安倍首相に迫った。
提示したのは、「米軍によるイラクでの最悪の虐殺」と言われる「ファルージャ総攻撃」だ。新宿のファミレスで、高遠菜穂子さんに話を聞きながら質問を作った際には私も同席した。米軍に家族を殺されたファルージャの人々と、高遠さんは交流がある。2004年、彼女が拘束されたのもファルージャだった。なぜ、ファルージャで極限まで反米感情が高まり、日本人もが拘束されることとなったのか。ここからの話を知れば理解してもらえるだろう。拘束されたにもかかわらず、今もイラク支援を続ける高遠さんは、「やっと日本の政治家がイラクの大変な状況を国会の場で発信してくれる」と涙し、太郎も私も泣いた。涙ながらに作った質問だ。】
2004年4月と11月の2回、米軍はイラクのファルージャという都市を包囲して、猛攻撃しました。一度目のファルージャ総攻撃では700人以上が殺害され、2度目には6000人もの住民が殺され、行方不明者は3000人とも言われています。4月の攻撃に関しては、死亡者の90％が一般市民だったという情報もある。

なぜ、そんなことが起きたのか。ファルージャ総攻撃に参加した元米兵は、当時のことを「冬の兵士――良心の告発」というドキュメンタリーで証言しています。例えば14歳以上の男子は、「戦闘可能年齢」とされて、米軍は避難することを許さなかった。確実にこれから米軍の猛攻撃を受けるという場所に、中学生、高校生くらいの息子を置いて母親が避難できますか。少年や男性だけを残して避難できなかった。だからたくさんの民間人が街にとどまり、犠牲となってしまった。

この頃のイラクでは、「交戦規定」という戦場のルールが毎日のように、下着を着替えるように、振り向くたびに変わっていったそうです。武器を持つ人間を見たら殺せ。双眼鏡を持つ者も殺せ。携帯電話を持つ者は殺せ。何も持たずに敵対行為がなかったとしても、走っている人、逃げる人は何か画策しているとみなし、殺せ。白旗を上げ命令に従ったとしても罠とみなし、殺せ。不安を感じたら発砲してよし、イスラム教徒の衣装の者は敵対しているとみなして撃ってよし、路上にいる者はすべて敵の戦闘員とみなせ、息をしている者はすべて撃て、と。ファルージャだけじゃない。米軍が組織としてやってきたことです。ラマディでもバグダッドでも、同じことがされていた。死体の中には、白旗を持った少年もいた。

だから総理に聞きました。「総理、アメリカに民間人の殺戮、当時やめろと言ったんですか？　そしてこの先、やめろと言えるんですか？　自衛隊を引き揚げられるんですか？」って。

とにかく質問原稿書いてても泣けるし、質問してても泣けてくるしっていうような状況ですよね。これだけの戦争犯罪をしてきたアメリカに、これから自衛隊がお付き合いしますって、そんなことが許されるはずがないだろうと。しかも、イラク戦争に自衛隊を派遣したことの総括もしていない。もしアメリカが間違った戦争に踏み込みそうになった時、日本は反対できるのか。何度も聞きました。

【この質問には、「ファルージャの光景が浮かんだ」という感想が多く寄せられたという。】

ファルージャの破壊された救急車。撮影　志葉玲（2004年6月撮影）

安保法制の時には、実際に現地を見てきた人たちの証言を生で聞きながら質問を作っていたので、情報も豊富で、思いを重ねやすかったですね。一番輝いてたんじゃないかな（笑）。

今思うと、よく事務所が回ったと思いますよ。これ以外にも普通に他の委員会もあって、そっちでも質問してるんだから。だから本当にチームがあったおかげで、かなりリアリティのある話が突きつけられたんじゃないかな。

【安保法制に対しては大きな反対運動が起こり、成立直前になると、国会周辺には連日、多くの人が押し寄せた。

２０１５年８月30日には12万人（主催者発表）が集結し、安保法制が成立する数日前からは数万人が集まっていた（成立は９月19日）。16日には野党議員がスクラムを組み、参議院の安保特別委員会の委員長・鴻池議員を理事会室から出さないために文字通り身体を張って、汗だくになりながら阻止していた。

その頃、国会周辺では土砂降りの雨でずぶ濡れになりながら数万人が「野党は頑張れ！」と声を上げていた。

そうして９月18日から19日にかけて、日付をまたいで太郎は５回の牛歩をした。17日午後から安保法成立まで、すべての本会議を傍聴していた私は、太郎の「ひとり牛歩」もすべて見ることとなった。それは、あまりにも残酷な光景だった。自民党席からの激しいヤジ、怒号。「そこまでして目立ちたいのかよ！」「お前いい加減にしろよ！」などの罵声。牛歩をしている太郎の後ろから、「邪魔！」とばかりにわざとぶつかってくる自民党女性議員もいる。そんな時、自民党席から「ワーッ！」という歓声が上がる。対して太郎には野党からの拍手や応援の言葉もほとんどない。精神的な公開処刑。そんな言葉が浮かんだが、時々、太郎の肩や背中を「頑張れよ」というふうに叩いていく野党議員はいて、そんな時だけ、ほっとした。国会前や全国で反対の声を上げている人々の思いを背負っての、牛歩。しかし、たった一人で怖くはなかったのだろうか？】

でも、もっと怖いことを考えてるわけでしょう？　向こうは。安保法を成立させて。

罵声を受けるダメージコントロールとしては、一応聞いてはいるけれど、少しだけ上の空を入れてました（笑）。直で受けるには、後遺症が残りそうな言葉が多かったと思うんですよね。本当に心ない誹《ひ》謗中傷《ぼうちゅうしょう》、2ちゃんの世界みたいな。2ちゃんとか見たことないけど。でも、国会自体がいじめの象徴みたいなとこだし、ハラスメントの総本山みたいな所だから。

牛歩やるって決めたのは、いつやったかな。覚えてないな。何かこの時は毎日夜遅くまで揉めたりしてて。委員会を開く、開かないってことを決める理事会とか理事懇談会を開かせないってことをやったりしてたから、結構毎日、夜中までやって次の日朝イチとか、そういうことの繰り返しだったんですね。でも、前日には思ったのかな。もう採決まで行ったら牛歩やなって。

牛歩をやることは、一応自分のグループには言いました。民主党（当時）の人とかにも「牛歩やらないんですか」「僕やりますよ」って言って。小沢さんには言ってないと思います。なにせ初めてのことだし、こっちはもうこの日のギリギリのところまで質問したり、原稿なしでフィリバスター（長時間の演説や動議の提出など、認められた手段により議事の進行を妨げること）みたいのやったりしてたから、根回しするっていう状態じゃないんですね、バタバタで。

2015年９月19日　安保法案採決時牛歩の後、壇上で。

【そうして牛歩の最後、太郎は議場の壇上で叫ぶ。

「アメリカと経団連にコントロールされた政治はやめろ！　組織票が欲しいか！　ポジションが欲しいか！　誰のための政治をやっている？　外の声が聞こえないのか！　その声が聞こえないんだったら、政治家なんて辞めた方がいいだろう！　違憲立法までして自分が議員でいたいか！　みんなでこの国変えましょうよ！　いつまで植民地でいるんですか？　本気出しましょうよ！」

その数分後、安保法制は成立した。２０１５年9月19日、午前2時すぎ。

「焼香パフォーマンス」も話題になった。喪服を着て数珠を持ち、安倍首相にお辞儀をするというパフォーマンスだ。つられて安倍首相も頭を下げた。】

あれをやろうと思ったのは、参議院の特別委員会で強行採決された時に、抗議として「自民党が死んだ日」ってプラカードを持っていたんですよ。その時に、この流れで、ストーリーを完結させようって。自民党が死んだのだからちゃんと成仏させよう、葬儀委員長は自分だと。

それを思いついた時点で、参議院議員会館に数珠《じゅず》売ってないか、ちょっと売店見てきてくれって（笑）。そうしたら、参議院にはなかったけど衆議院の売店にあった。ほら、お葬式が急に、とかあるでしょう？　衆議院議員の方が地元密着型なので、衆議院議員会館の売店には数珠が売られている。呼ばれなくても葬式に行くって言うもんね。会ったことない人の葬式でも平気で行く議員もいるらしい。しかも泣いたりするって（笑）。

この一件では賛否が分かれました。いじめで行われる「葬式ごっこ」を政治家がやってけしからんと。100人のいじめっ子の前で、いじめられっ子が葬式ごっこをやる話は聞いたことがありませんが。

焼香パフォーマンスについて、あとで小沢さんに言われました。要は、主張は間違ってないのに、その行為が加わることで誤解されたらもったいない。あれはやるべきことではない、と。ごもっともです。

【ちなみにこの牛歩には、興味深い後日談がある。それは太郎が牛歩した日、牛丼の松屋でおなじみ「松屋フーズ」の株価が一瞬高騰する現象が起きたということだ。コンピュータが自動的に売買の注文を取引する「アルゴリズム取引」において、SNSのホットワードとして登場した「牛歩」の「牛」に反応したのでは、と言われている。牛歩とは、牛丼屋の株価を上げることもある、という不思議な話である。

さて、次の牛歩は2016年12月9日、TPP承認案に反対する意味を込めての牛歩だった。この時、初めて太郎とともに牛歩をする人が登場した。】

自由党の森ゆうこさんです。2頭目の牛ですね（笑）。最初、僕一人でやってたんですけど、森さんも牛歩してくれた。投票で、名前が呼ばれる順番があるんですけど、僕の方が先なんですよ。で、森さんもあとから続いてくれた。前もって打ち合わせしていたわけではまったくないです。この時、牛歩しながらだったかな、「ありがとうございます」って言ったら、**「あなたを追い越せるはずないじゃない？」**とか、そんなこと言うんですよ（笑）。カッコいい。

この時もヤジは飛んだけど、森さんもやってるから、みんなちょっと遠慮気味（笑）。

2016年12月14日　カジノ法案採決時の牛歩の後、壇上で。

でも一人、野党側の議員で切れた人がいて。「何時何分の電車に乗らなきゃいけないのに、乗り遅れたらどうしてくれるんだよ！」って（笑）。これは絶対その電車に乗らしちゃあかんと思ったもんな（笑）。だってその議員の個人的な約束と、TPPなんて比べ物にならない。TPPに入ることによって、これからこの国の人々に降りかかる数々の困難を思えば、それに対してなんの気概も見せずに自分はすんなり電車に乗ろうなんてって（笑）。

【次の牛歩は、そのわずか5日後だった。「カジノを含む統合型リゾート施設（IR）整備推進法の修正案」の採決の場だ。

この日の壇上での発言は、「パチンコ・スロットの規制はせずに、どうして次の賭博《とばく》を開くようなこと、させるんだよ！　おかしいだろう？　誰のためにやるんですか？　セガサミーか？　ダイナムか？　外資か？　国民のための政治をやれ！」】

これはもう、内閣委員会で自分が質問してきた法案なので、牛歩やらせてもらいますと。一人でやった。

【そうして2017年6月15日、「共謀罪」の採決の場で、牛歩。なんとこの時は7人に増えていた！　太郎の事務所が発行する後援会の会員に向けた会報誌「TARO PRESS」2018年新春号では、この時の写真を「国会牛が7頭に！」と大きく伝えている。】

この時は、社民党と「希望の会」っていう会派を組んでたから、社民党の二人、福島みずほさんと又市征治さん、自由党の森ゆうこさん、青木愛さん、木戸口英司さん、そして会派「沖縄の風」の糸数慶子さんと僕。その7人でやりました。

共謀罪については、最初から牛歩はしようと決めてました。他の人に声をかけたのは当日かな？「僕はやろうと思ってます」ってことを自由党の中で話して、何かもっと違うアプローチの仕方があればいいのにって話になったけど、なかなか見つからない。楽しんでやってるわけじゃないですからね。「やったー、明日は牛歩だ！」みたいな話じゃないんで（笑）。また「しょうもない」って言われることもわかってるし。でも、他に見つからないからやろうってことになって、同じ会派の社民党にも話をして。そうしたら、糸数さんから連絡があって、**「今回は、されるんですか？」**って、すごく品のある感じで聞いてきて（笑）。

それで7人でやって、最後、投票の札《ふだ》渡すじゃないですか。一人一言ずつ言って札渡すはずが、あと2分以内に投票しないと打ち切りますよって時間制限つけられて、途中で打ち切られました。

【この日叫んだのは、「この国に生きる人々を潜在的犯罪者として扱うのか？　こんな法律回せないだろ？　恥を知れ！」】

毎回、壇上で言うことは決めてません。牛歩してる時に考えられればいいんやけど、声かけられたり、ヤジ飛んできたりであまり考えられない。時間制限もされるから、時間も考えながらやらなきゃならない。だから直前だと思う。何言おうとか考えるのは。

【2018年7月20日、IR実施法案（カジノ法案）の採決では、初めて牛歩ではない方法を使った。壇上に

て、垂れ幕を広げたのだ。糸数議員、森ゆうこ議員と3人で掲げた垂れ幕には、「カジノより被災者を助けて！」「カジノより学校にエアコンを！」という言葉。西日本豪雨で甚大な地域が「被災地」となってしまった中、カジノ法案の審議がされていたことは先に書いたが、2018年の夏は災害級の猛暑と言われ、熱中症で子どもが亡くなる事態も起きていた。カジノより被災地支援。カジノより学校にエアコンを。どちらも与党にとっては耳の痛い言葉だろう。そしてこの垂れ幕によって、事態は動いた。】

この垂れ幕、森さんが内容を考えて作ってきたんですけど、「カジノより学校にエアコンを！」って出したこともあって、補正予算で822億円の予算がついたんですよ。「熱中症対策としてのエアコン設置」ということで、**全国の公立小学校にエアコンをつけるための予算がついたんです。**

これまで、学校のエアコンについての質疑って、そんなにないんです。与党にとっては、人が死ぬくらいの猛暑なのに学校にエアコンもつけてないってことを、カジノ法案の採決で、こんなふうに垂れ幕で見せつけられるっていうのが一番嫌なんじゃないかな。それで予算がつくことになった。こういう実現のさせ方もあるんやな、と思いました。

2018年７月20日、カジノ法案採決時の垂れ幕。

【2018年12月8日未明、外国人労働者受け入れ拡大をめぐる改正入管法が世論の「拙速《せっそく》」という声を振り

切って成立した日も、太郎は牛歩した。

第197回臨時国会の最終日が近いこの日、国会は午前4時まで続いた。

改正入管法採決の際、太郎は牛歩し、壇上で叫んだ。

「賛成する者は二度と保守と名乗るな！　保守と名乗るな！　官邸の下請け、経団連の下請け、竹中平蔵の下請け！

この国に生きる人々を、低賃金競争に巻き込むのか？　世界中の低賃金競争に。恥を知れ！　二度と保守と名乗るな！　保身と名乗れ！　保身だ！」

7日午前中にも、太郎は二度、牛歩した。

横山信一法務委員長解任決議案の討論時間を制限する動議の採決、堂故茂農林水産委員長解任決議案の討論時間を制限する動議の採決においてである。

これまでの太郎の牛歩を振り返ると、安保法制で5回、TPP承認案で1回、カジノ法案で1回、共謀罪で1回、そして入管法が成立した日に3回の計11回だ。これほど牛歩をした議員は珍しいだろう。一体、牛歩の回数で山本太郎は歴代国会議員の中で第何位？　そう思って国会に確認したところ、「議事ではないので記録をとっていない」という回答だった。「抵抗の記録」として、ぜひ今後は国会も牛歩の記録をとってほしいものである。】

第3章　山本太郎、今、改めて原発・被曝問題を語る

【山本太郎と言えば、原発問題。この章では、山本太郎という議員が生まれるきっかけとなった原発事故、そして原発・被曝問題について、存分に語ってもらおう。】

この人たちをなんとかしたいと思って議員になったのに

２０１１年3月11日の大震災の後、原発事故が起きて、その1カ月後、高円寺で開催された「原発やめろデモ!!!!!」（4月10日）に行って、だけどその時は、顔を隠してたんですよ。仕事のこともあるから。それが全部吹っ切れたのが、年間積算線量が1ミリシーベルトから20ミリシーベルトに引き上げられた時ですね。放射線従事者の規則が書いてある電離放射線障害防止規則で定められた「放射線管理区域」でも1年間で5ミリシーベルトを超えて被曝してはいけないことになっている。この区域では飲食も寝泊まりも禁止で、大人でも10時間以上の滞在は許されない。**20ミリシーベルトと言ったら、放射線管理区域の4倍**です。大人よりも放射線への感受性が高いと言われる子どもに対しても、国は20ミリに引き上げたんです。

２０１１年５月、福島のお母さんたちが文科省前に集まって、子どもにそんな数値を与えるな、と抗議したんですね。あの日は僕も吹っ切れて、メディアに対して「俺を映せ」という気持ちで行きました。完全に市民運動家デビュー、活動家デビューした日ですね。そこからは仕事が細っていきました。チャンスがあれば政治的な発言を繰り返していましたから当然ですけど。

それから１年半くらい、いろいろなところに呼んでもらって原発事故の当事者の人たちに話を聞いて、そのうちに原発以外にもいろんな問題があるということを教えて頂きました。労働、貧困、沖縄、グローバリズムとの闘いなどなど。だけどまだ、選挙に出ようなんて思ってませんでした。

ただ、テレビなんかを見ていて、このままだと民主党政権から自民党政権に変わるな、と。自民党が圧勝するなという感じがわかってきて。民主党政権に対して頭にきていたけど、自民党なんかになったらもっとヤバくなるという気持ちがあったので、それなら、自分がまだ出していないカードを出すしかないなと。それで選挙に出ました。被曝させない・飢えさせない・ＴＰＰ反対というイシューで。

原発事故から時間が経つにつれ、「もう原発はやめた方がいいよね」っていう空気は、日に日に薄まっていくのを感じています。今もまだ原子力緊急事態宣言が解除されていないのに。

国会の中では、原発や被曝の問題は質問で取り上げ続けてます。この質問作りに協力してくれているのが、芸人のおしどりマコ・ケンさん。原発、被曝関連の質問は７、８割方、協力してもらっています。おしどりは東電の会見や裁判に限らず、多くの当事者や専門家とも繋がってる。原発、被曝分野に関して、現場に一番足を運んでいるマコ・ケンさんが頼りになりますね。芸人の概念をぶっ壊したすごい人たちです。

今も理不尽な状態で、「問題ない」とされてしまっているけれど、普通に考えて問題は大ありです。

例えば、そんな人はいませんが、放射線管理区域で働いている人が、管理区域に一年中いたとしても、年間被曝量は5ミリシーベルトと少しくらいです。それなのに、年間の積算線量が20ミリシーベルト以下で「帰っていいよ」ってこと自体がイカれてる。そういうことをずっと質問しています。「放射線管理区域の中で飲み食いしていいんですか？」「寝泊まりもしちゃダメなんですよね？」。それなのに、今はそこで人が暮らして問題ないというのはなぜ？ 答えはNG。

国が大丈夫って言ってるわけだし、これ以上騒いだって何も変わらないんだから、自分たちでできることをやっていこうと、みんな暮らしているわけですよね。なんで被害者が泣き寝入りしなきゃいけないのって話なんですけど、みんな前に進まなきゃ生きていけない。国民の生命、財産を守るというなら、最大限に予防原則に立って人々を守らなきゃいけないのに、空間線量だけで年間20ミリシーベルト以下だったら安全だ、帰れと。空間線量だけで何がわかるんですかって。土壌の汚染はどうなるのか。空間線量が低くても、土壌を測れば管理区域以上の汚染が出てる場所もあります、と。風が吹いて砂埃が舞えば、呼吸で体内に取り込まれることもあるでしょう？ と。

でも、これは一人では動かせる話ではない。入管収容所の空調の話（第1章参照）とかは、一人でもできることです。でも、国家として方向性を決めた上に、この国に生きる多くの人々がそのことに関してあまり関心を払わない時、一人で動かせることには限界がある。避難者に対してさえ、「いつまで避難しているんだ」みたいなことを言う人もいる。すごく悔しいです。本当に、力がないなって痛感する話です。

1年ほど前、原発事故で避難している人たちが国会議員に請願を出すというデモをして、僕は議員の一人として、その請願を受け取りに行きました。

その時、涙が堪えられなかった。

この人たちをなんとかしたいと思って議員になったはずが、そこから一歩も進んでいない。むしろ後退しているじゃないかっていう現実がある。本当に申し訳ないと、涙が止まりませんでした。

【原発、被曝についての質問で、他の分野の質問のように「成果が上がった」ことはないのだろうか？　そう問うと、太郎は苦い顔で言った。】

ない。ないですよ。

その壁はむちゃくちゃ厚いんです。国会の中でさえ、「お前、今さら原発・被曝でもないやろ」みたいなことを言われるし、「甲状腺がんは予後がいい」ってことまで言い出すような医者の議員もいる。この非人道的な現状を共有している人が圧倒的に少ない。例えば入管だったら、自殺者がこれだけいるとか、明らかに医療に繋がれていない人がいるとか、何年も閉じ込められているとか、具体的に想像しやすい。だけど放射能は目に見えないし、「晩発性」っていうように、あとあとどうなるかはわからない。直《ただ》ちに影響はない、ってことです。この問題から逃げ切りたい加害者側の思惑《おもわく》通りなんですよ。

最初、事故の収束、廃炉までにかかる費用として政府は11兆円って言ってて、それが2016年には22兆円に上がっていました。そこから民間が試算した結果、汚染水を全部海に捨てたとしても50兆円近くかかり、汚染水を管理したとしたら70兆円になると。次に事故が起こったら、収束費用いくらになると思いますか？　試算では30年40年で収束ってなってるけど、それは事故を起こしていない原発を廃炉にする期間です。東電事故は3機がイカれてしまった人類初の過酷事故。廃炉期間が100年200年ってなった場合、いったいいくらになると思いますか？　加えて、大地震が来ると言われる中で、別の原発が事故ったら？　複数の地域で事故ったら？　それらの収束費用は、当然みなさんへの社会保障などを削って収束に回すってことになる。それでも原発続けますか？　そういう話です。

２０１６年11月、今一度、原発、被曝の問題を国会議員に理解してもらいたくて質問をしました。みなし仮設住宅（避難者に提供される住宅。自治体が借り上げた公営住宅などが多い）の追い出しの問題と、原発や被曝の基礎の基礎の質問を改めてしたんです。みなし仮設の問題だけを取り上げると、「いつまで帰りたくないとかわがまま言ってんだ」で終わっちゃうと思ったので。国会の中にもちゃんと知らせないといけないと思って。

だけど質問してる途中、一回、泣きました。やっぱ感情移入しちゃうんです、あまりにも理不尽すぎて。ただでさえ質問時間が少ないので、泣いちゃったら立て直す時間が必要になり、最後までたどり着けなくなる。一瞬泣いたけど、堪《こら》えました（笑）。

当時は、２０１７年3月でみなし仮設住宅の無償提供が打ち切られるという数カ月前でした。追い出さないでほしいということで、事前に、避難者の人たちからの声を集めていたんです。原発事故のせいで家を離れたのに、国の避難区域には含まれなかったので区域外避難となり、支援はほとんどない。唯一受けられた支援がみなし仮設の無償提供。それが打ち切られてしまう。

「原発事故のせいで家を離れたのに、こんな状態でまた出て行けという理由が理解できない。同郷の人が一人もいない都営に無理やり転居させられるとは、まるで姥捨山《うばすてやま》だ」

「福島に家族を残し二重生活の母子避難。住宅を奪われたら家賃を捻出できない。子どものたったひとつのピアノの夢だけは奪わないで」

このくだりで、完全に声が一瞬泣き声になったんですけど、ここで泣いてる場合じゃないと。最後までいかないとって思ったんですけど、やっぱりぐっと込み上げてくるから、堪えるのが大変でした。

その日、避難者の人たちが質問を傍聴しに来てくれてたんですね。なので、今村復興大臣（当時）に、「避難者の人来てるから、直接話聞いてくれ」って質問の終盤で言ったら、聞いてくれるって話になったんです。あとで自民党から「そんなこと言い出したら、みんな同じことやり出す」って怒られたんですけど。それで少しだけ、避難者に会って話を聞いてもらいました。本当に数分。

原発に関してできたのは、それくらいです。本当に、壁は厚いです。


【原発、被曝の問題を訴え続けている太郎には、「デマを言うな」「歩く風評被害」という言葉を投げつける人もいる。デマ云々は別にして、「傷つけないで」と言う人もいる。被曝の問題について、あまり口にしてほしくないと言う人の気持ちも理解できる。しかし、それを政治が利用するような構図もある。

この本のために太郎への質問を山本太郎事務所のホームページから集めたのだが、そこには、以下のような意見が寄せられた。

「私も原発には懐疑的ですが、福島に対してネガティブな印象を与えるようなことは言わないでほしいです。父の地元が福島です。今も人がたくさん住んでいます。被災者対応と原発に対する反応を混ぜて、そこに住んでいる人を傷つけないでください」

30歳の男性からの意見だった。太郎はこの男性や、彼のような複雑な思いを抱える人に対して、伝えたいことがあるという。】

太郎からのメッセージ

実際に「あなたに傷つけられました」という人から手紙をもらったこともあるし、直接言われたこともあります。これまでの私の言動や行動から傷つけられたという訴えです。直接手紙やメールで返事をしたこともありますが、その内容はほぼ同じです。

改めて、ご質問いただいたあなたにもお答えをさせて頂きます。

私の未熟さゆえに傷つけてしまった人々に対して、許されるおわびの言葉など存在しないと考えますが、山本太郎に心をえぐられたとお感じになる方がいらっしゃるならば、私は加害者です。心よりおわび申し上げます。

私がどう未熟であったかをお話しさせてください。私の国に対しての考え方が180度変わったのが、2011年の原発事故でした。それまでは何かしらの災害が起こった際には、国は全力で人々を救うものだと安易に考えていました。それが一瞬で崩れ去った出来事でした。

最初に驚いたのが、放射性物質が漏れ出した際の政府発表、「直ちに健康への影響はない」でした。まったく影響はないではなく、直ちに影響はないという言葉を使ったことに驚いたのです。政府は嘘を言っていません。確率的被曝、長期の低線量被曝について否定をしていないからこそ、直ちに影響はないという言葉になったのだと私は理解しました。であるならば、被曝を回避できるように予防原則にのっとった避難計画が立てられるかと思いきや、避難対象になった地域は30キロという狭い範囲であり、実測値に基づいたものではありませんでした。

2011年冬、チェルノブイリを訪れた際、避難の基準は実測による汚染を考慮したもので、避難の範囲は円ではなく、いびつなチョウチョのような形をした避難区域であったことを確認しました。国民の生命・財産を守るというなら、科学的に安全か危険か判断が分かれる部分については予防原則にのっとるのが基本です。汚染状況などはっきりしたことが分かるまでは国が避難をさせる。状況が分かった段階で住民に真摯に説明し、戻るのか、避難先に移住するかを選択してもらう。これが普通の段取りだと思っていたのですが、そうではありませんでした。

もっともショックを受けたのが、事故後、人々への被曝を年間20ミリシーベルトまで許容したこと。その時期、福島県のお母さん方が文部科学省に交渉、申し入れを行うことを事前にネット情報で知り、私も現場に向かいました。私自身、マスコミのいる政治的な場所に行くことは避け続けていました。私のいた芸能界はスポンサーが神様。原子力にかかわる企業は非常に広範です。そのスポンサーのイメージダウンにつながるような言動、行動、抗議活動に自分がいる画《え》を撮られてしまえば仕事に影響があることは確実。なので、そういった場面には出向かないよう自制していました。

しかし、放射線管理区域の4倍の数値、子どもに年間20ミリシーベルトを許容するような国であっては未来などないと考えました。事故の前後で安全とされる基準が変わるなら、基準の体《てい》をなしていない。**あくまで事故前の放射線防護の基準に基づいて命を守れ**という主張です。この不条理にみんなで怒って、現実を変えよう、仕事を干されてもいいからとにかくこの現状を多くの人に知ってもらうために大きな声を上げようと覚悟を決めました。

しかし、事態はすぐには動きません。国が人々の命を守る行動に出ないならば、自分のできる範囲での呼び掛けをしようと判断しました。逃げろ、逃げてくれとインフォメーションすることでした。これは福島県に限った訴えではなく、東日本にまだらに広がった汚染に対して逃げてくれという訴えです。

ここで私が無知であったのが、移動できる人々は限られている、このことをちゃんと理解できていなかったことです。先祖代々受け継いだ土地を守ることや、仕事の都合などさまざまな事情があることは当事者からお聞きしていましたが、何より国のバックアップなしに一から新しい生活を知らない土地で始めるなど、不可能である人々がほとんどであることを理解していませんでした。国が大丈夫と言うのだから、それを信じる以外何ができるんだという言葉の意味を理解できなかったのです。

逃げろのメッセージを発した半年後ぐらいに決定的な学びの機会がやってきました。一家4人の移動費も捻出できない私たちがどう逃げろというのかとの言葉を受けたときです。衝撃でした。それまで貧困など日本とは関係のない話で、生活が苦しいという人は頑張りが足りないのではといった間違った認識を持っていた自分にとっては、とんかちで頭を殴られた思いでした。おそらく自分はどこでも生きていけるといった根拠なき自信を、周りにも勝手に当てはめていたのかもしれません。

放射線管理区域と同等、それ以上の場所がある地域で、東日本女子駅伝というイベントが2011年11月に開催されるときにも、反対の活動を行いました。駅伝をきっかけにもう一度線量の高い地域で人々に生活をさせることへの問題を提起する思いでしたが、原子力災害から普段の生活を取り戻していく途上の人々にとっては、迷惑でしかないと感じる方々も大勢いらっしゃったと考えます。

批判の声も大きく出ましたが、福島県民の方の中にもよく言ってくれた、ありがとうと応援してくださる人々もいらっしゃいます。上げづらい声を自分が発していかなければならないという使命感もあったと思います。逃げろ？　汚染に気を付けろ？　この土地に暮らし続ける私たちをいったい何だと思っているんだ。

私のアプローチがあまりにも粗削《あらけず》りで、デリカシーに欠けた配慮のない行動だとお怒りのお言葉はこれまでにもちょうだいしていました。自分でも丁寧なアプローチではないという思いはありながらも、これは時がたてばたつほど風化してしまう。一番の加害者である東電と国に逃げられてしまうと勝手に焦っていたのです。

世の中を変えることは簡単ではないという当たり前のこと。当事者への最大限の配慮をしながら現状を改善していくという合意形成の難しさなどを理解しないまま、がむしゃらに突っ込んでいった。あまりにも無知、未熟。恥ずかしながら、これが当時の私自身です。

では、その謝罪の気持ちを言葉以外の何で表すのか。皆さんのお役に立てる政治家として努力することで役割を果たしたいと考えます。**国や東電に対して原発事故による被害、長期低線量被曝も含めた賠償、医療の補償も求め続けます。**最低でも1999年に起こった茨城県でのJCO臨界事故における東海村の医療保障レベルは担保させなければなりません。

レベル4の事故に遭った東海村では、事故発生時に避難要請があった350メートル圏内の居住者に加え、事故後の被曝線量が年間1ミリシーベルトを超えると見積もられた住民にもがん検診付きの健康診断を一生涯無料としました。この取り組みは事故当時、例えばゼロ歳の子どもが80歳になるくらいまでの期間、医療保障を約束したことと同じです。

一方で、レベル7の東電原発事故では、このような約束はされていないばかりか、縮小方向と言えます。この一点だけでも、加害者逃げ切りを許していると私は考えます。時間はかかるかもしれませんが、将来不安にもしっかり寄り添える医療の補償を求めてまいります。

人間をコストとみなすような政治では、人は簡単に切り捨てられてしまいます。困ったときには必ず手を差し伸べてくれる。そういった国をつくるため、力を尽くしてまいります。いまだ粗削りな山本太郎ですが、今後も私や政治への監視、間違ったことがあればご指摘いただき、使える政治家として育てて下さればと幸いです。

区域外避難者からの声

【ここで、福島県から東京に区域外避難してきた藤原真理恵さん（仮名）にご登場頂こう。藤原さんが住んでいたのはいわき市。いわき市の一部は福島第一原発から30キロ圏内にかかっている。

藤原さんの家族は3月12日早朝、「2泊3日のつもり」で避難した。藤原さん、夫、藤原さんの父親、そして8歳と3歳の息子の5人だった。その途中、原発が爆発。3日のつもりだった避難だが、すでに8年以上が経過した。

現在、住んでいるのは東京都内のみなし仮設住宅。当時8歳だった長男はもう高校生。3歳だった次男は小学校高学年だ。藤原さんは、避難者たちによる福島原発被害東京訴訟の原告でもある。

避難者として、太郎に声を届け続ける藤原さんに話を聞いた。】

２０１１年の7月に、今のみなし仮設住宅に入りました。それまでは避難所などを転々としました。最初の1年くらいは、これは悪い夢で、目が覚めたら元どおりになってるんじゃないかって、精神的にもずっと不安定な状態でした。何回も引っ越すだけで大変だし、テーブルも椅子もないところから始まって、なんとか子どもたちが壊れないように生活を立て直さなきゃいけない。いろんな意味で差別をされたり心ない言葉をかけられたりすることも多かったです。非常に親しかった方から、「今帰ってきて土下座して謝ればみんな許してくれるから、今すぐ戻ってこい」と言われたこともありました。

太郎さんに初めて会ったのは、２０１３年末頃だったと思います。議員になったばかりの頃。支援者の招きで、避難者などが集まる食事会の席に来てくれたんです。驚いたのは、国会議員がこんな大衆的な焼肉屋に来るのかと（笑）。お酒も入れて一人３０００円もいかないくらいのお店です。国会議員は赤坂とかの料亭ってイメージがあったので。でもすごいラフな格好で現れて、なんか、国会議員が初めて自分の目の高さまで降りてきた瞬間でした。この人だったら私たちの言葉を聞いてくれるかもしれないと。

みなし仮設住宅の無償提供が、区域外避難者には２０１７年3月に打ち切られるって問題は、太郎さんにも訴えました。

出て行け、帰れと言われても、放射性セシウム１３７の半減期は30年です。まだ8年しか経ってないから全然変わらないんですよ、噴き出した時と。確かに放射性ヨウ素とかセシウム１３４とか半減期が短くて急激に減ったものもありますけど、減らないものもたくさんある。どうしてごく一部の核種が減ったからって「もう帰れ」ってことになるのか。下手すると、「区域外避難者なんて最初から避難する必要がなかった」みたいな言い方をされます。事故前の土壌の数百倍、数千倍汚染していても、そこから逃げることすら認められていない。なおかつ、やっと逃げた人たちもみなし仮設から追い出そうとしている。今、避難指示もどんどん解除されている。避難指示が解除されてるんだから避難住宅はいらないだろうという理屈ですよね。

よく、避難している人は賠償金で生活していると誤解されるんですが、私たちは区域外避難なのでそれはありません。いわきからの避難者は、今に至るまで大人一人につき合計で12万円、子ども一人につき最大60万円が払われただけ。同じ福島でも、それさえもらえない地域の人も少なくありません。入ってくるものもないのに、誰も住んでいないいわきの家のローンを今も払い続けている状態です。

避難住宅の打ち切りに関しては、２０１６年11月、太郎さんが復興特別委員会で質問してくれて、避難しているお母さんたち5人くらいで傍聴に行きました。

そうしたら、質問の最後に、「実は今日、避難当事者、ここに来てるんですよ。大臣、話聞いてくださいよ」って太郎さんが言った。今村復興大臣は「聞きます」と。びっくりして、太郎さん無茶振りだよって（笑）。全然打ち合わせも何もないから（笑）。

委員会のあと、太郎さんのところに行ったら本当に大臣が来て。他のお母さんたちと一緒にお話しました。大臣に言ったのは、「このままだと人死にが出ます」と。家を奪われたら生きていけないし、戻れと言われても戻れないと。どうしても出ていけない人がたくさんいる。家は最後の命綱です、という話をしました。

そうしたら大臣は、「個別に対応しよう」と。福島に、個別に対応するように言いましょうと言ったので、**「個別じゃダメなんです。国がやってくれないと、必ず取りこぼされる人が出てしまう。国がやってください」**とお願いしました。そうしたらＳＰみたいな人がいっぱい来て、おしまい、みたいな。5分くらいでした。

太郎さんは会うたびに「すまない」って言うんです。「せっかく議員にしてもらったのに一人も助けられてない」って。他に謝ってくれる議員なんて一人もいないですよ。でも太郎さんだけは「本当にすまない」って。そしていつも、避難者の話を真剣に聞いてくれます。私みたいな避難者に頭を下げて「教えてください」って。

避難者の間でも、太郎さんの評判はすごくいいです。福島に残っている人でも、「歩く風評被害」と言う人もいる一方で、政府の安全論に不信感がある人たち、福島に残っても、少しでも子どもを被曝させたくないと思ってるお母さんたちからは絶大な支持を受けています。もう「たろさ」「たろさ」って。

それでも「デマだ」「風評被害だ」と言われることに関しては、太郎さんが代表して八つ裂きにされるような目に遭っているというか、そういう印象なんですね。思っていても怖くて被曝のことは言わない人たちばかりの中で、正面から言って、前から後ろから刺されているような。でも本当のことは言わなきゃならない。

私たち家族は今もみなし仮設に住んでいます。２０１７年3月に打ち切りと言われていましたが、今も酷《ひど》い汚染があるのに打ち切ること自体が受け入れられないし、それ以降の福島県との契約というのもあまりにおかしいのでこんな契約はできないと思って、退去届を出さないまま今に至っています。

２０１８年の春、福島のお母さんたちとジュネーブに行って、国連で特別報告をしてきました。もう、国に何言っても変わらないんですよ。何かできることがないかって探していて、そのうちのひとつが国連。ジュネーブに行った時には、フランスとドイツでも講演させて頂いて、今後も海外でお話する予定です。ドイツは原発をやめると決めた国だし、フランスは原発が58基もあるからすごく興味を持って聴いてくれる。日本だけじゃもうラチが明かないので、海外に飛び出してお話をさせて頂いています。

そういえば、うちの子が作文に「将来、国会議員になりたい」って書いたことがあります。それを読んだ太郎さんは、長男に「やめた方がいいぞ」「禿げるぞ」って、頭のハゲを見せてくれました（笑）。

元原子力事業従事者、福島在住「子ども脱被ばく裁判」原告団代表の声

【もう一人、紹介したいのは、浪江から福島市に避難し、「子ども脱被ばく裁判」の原告団代表をつとめる今野

寿美雄さん。太郎に福島の現実を伝え続ける彼に話を聞いた。】

東日本大震災の時に住んでいたのは浪江《なみえ》です。原発のすぐ近くの。自宅は居住制限区域にあって、今は解除されたんだけど、実家は帰還困難区域。バリケードで入れない状態です。墓もあるけど、入れない。

それでも2回くらい入ったけど、もう荒れ果てて、草ぼうぼうで近づけない。空間放射線量は5マイクロシーベルトくらい。草むらの中に入ると20～30マイクロあります。

もともと、原発の中で検査の指導員や監督の仕事をしていました。メーカーの下請け、派遣で入って検査の指導員をする仕事で、29年間、やってました。

3・11当日は、女川《おながわ》原発に出張してました。そこで帰る準備をしてる時に地震が起きたんです。津波、目の前で見ました。津波で道路が寸断されちゃって、3月15日まで帰れなくなりました。

女川原発自体が避難所になったから、15日までそこにいました。非常用電源を持ってるから、地元の人も受け入れて。その間に福島第一原発が爆発して。

15日、浪江に戻ろうとしてももう入れない。出ることしかできない。そこからは流浪の民です。茨城県に避難しました。

当時幼稚園児だった息子は、11日から15日早朝まで、線量の高い地域に避難していました。事故から半年くらい経ってから、1カ月に2回、風邪をひくようになりました。免疫力の低下によるものだと思います。それが2年くらい続きました。

事故後、国は年間積算線量を1ミリシーベルトから20ミリシーベルトに引き上げましたが、デタラメです。とても容認できるものではありません。

29年間、原子力で働いてきましたが、今までで最高の被曝線量は年間12ミリシーベルトです。原子力従事者より多くの被曝を小さな子どもたちに強要している。

今、100ベクレル以下の食品は食べていいと国の基準で定められていますが、原発に行くと100ベクレル以上のものは放射性廃棄物としてドラム缶に入れたりして厳重に管理しなくちゃいけない。

私は放射線を測りながら仕事してましたから、1ベクレルってどんなに大変なことかわかるんです。環境放射能、放射線計測がご専門の河野《こうの》益近《ますちか》さんによりますと、福島原発事故で放出された不溶性の強放射性微粒子、セシウムボールという言い方をされたりしますけど、これを呼吸により肺に取り込むと沈着してしまう可能性がある。いろいろな条件によっても変わってくるそうですが、仮に1ベクレルのセシウムボールが肺に沈着すれば被曝量は年間16ミリシーベルト程度になると計算されることもあるそうです。次から次へと遺伝子を壊していく。

国がやってることがデタラメすぎて、だから黙ってられなくて、表に出て喋るようになりました。事実を知ってる者として。

なんで100万人に一人だった甲状腺がんが何百人もいるんですか。確実に病気は増えてます。脳疾患、心疾患、糖尿病、白内障。目は放射線の影響を受けやすい。心臓は筋肉の塊だからストロンチウムがたまる。だから突然死が出てくる。でも、被曝で病気になったと証明できるものはない。低線量被曝はじわじわと身体を蝕《むしば》みます。

太郎ちゃん、風評被害とかデマだって言われることもあるらしいけど、国会で言ってることすべて、ちゃんとデータを裏取りしてやってる。俺たちの話や、20ミリシーベルト撤回訴訟をやってる人たちの声も掬《すく》い上げながら、現地にも来て、いろんなデータを確認しつつ、いろんなところと連絡取りつつ、質問を作って現地の声を伝えてくれている。

でも、福島では被曝のことは言わないね、みんな。タブーになってる。だから保養先に行って、保養先で集まった福島のお母さんたちで話す。いろんな立場の人がいるからね。残った人もいるし避難した人もいるし、避難したけど戻った人もいるし、県内に避難した人もいる。でも、被曝は嫌だ、反原発ってところで集まってほしい。被曝はしない方がいいんだから。

俺は自分が中に入ってたから、自分の目で確認してる。だから太郎ちゃんの言うことがもっともだってわかる。

太郎ちゃんにはめげずに、ぶれずに頑張ってほしいね。

【今野さんが原告団代表をつとめる「子ども脱被ばく裁判」は、福島県の子どもたちが被曝の心配のない環境で教育を受ける権利の確認と、原発事故後、子どもたちの被曝を避ける措置を怠《おこた》り、無用な被曝をさせた責任を問う裁判だ。

情報があれば、被曝は避けられた。SPEEDIの情報が隠されなければ、今野さんの幼い子どもが線量の高い地域に避難することもなかった。子どもはもっとも線量が高い時期に何日も留め置かれ、現地で雪を口にするなどしたという。

原発事故から8年が経ちながらもこの国は「原子力緊急事態宣言発令中」だ。二人の話を聞いて、改めて、決してあの事故を風化させてはいけないと思った。そのためには、太郎のような議員が絶対に必要なのだ。】

第4章　山本太郎、経済政策を語る

【ここからは、山本太郎が経済を語る。「は？　なんであいつが経済？　ロクでもないに決まってる！」と思った人こそ、騙されたと思って目を通してほしい。

まず掲載するのは、山本太郎の後援会会員向けの会報誌「TARO PRESS」２０１８年新春号に収録された、松尾匡氏と朴勝俊氏との対談だ。】

鼎談　経済、そして持続可能な社会のあり方について

松尾匡×朴勝俊×山本太郎

対談収録日　２０１７年11月26日

松尾匡（まつお・ただす）　立命館大学経済学部教授（理論経済学）。著書に『この経済政策が民主主義を救う――安倍政権に勝てる対案』（大月書店）、『そろそろ左派は〈経済〉を語ろう』（亜紀書房、共著）など多数。

朴勝俊（パク・スンジュン）　関西学院大学総合政策学部教授（環境経済学）。著書に『脱原発で地元経済は破綻しない』

（高文研）、『環境税制改革の「二重の配当」』（晃洋書房）など多数。

【「経済の話って、難しい……」。そんなあなたに送るのは、山本太郎が今まさに、「経済政策」について教わっている二人の学者との座談会。松尾匡さんと朴勝俊さんをゲストに迎え、「中学生でもわかる」ように経済について、持続可能な社会のあり方について、存分に語って頂きました。】

――（雨宮）まずは今日、このメンバーでの座談会となった背景を教えてください。

太郎　もともとお二人と出会ったきっかけは、松尾さんが2016年1月に出版された『この経済政策が民主主義を救う――安倍政権に勝てる対案』（大月書店）を読んだことです。その本を読んで衝撃を受けました。要は安倍政権をどうやって倒すかという時に、なくてはならないものがある。それは安倍さんを超える経済政策だと。

それまで、経済についての知識はほとんどありませんでした。「財源どうするんだ？」に対しては、儲かってるところから取るしかないだろうっていう本当にざっくりした考えだったんですけど、この本には、デフレ不況の時にしかできない経済政策もあるんだってことが書かれていて、これはもうパクるしかないと思って。NHKの日曜討論に出た時に、「大胆な財政出動が必要だ」という話をしたんです。松尾さんの本の内容そのまま拝借して（笑）。

（左から）松尾匡氏、山本太郎、朴勝俊氏。

――そうしたら、松尾先生がその番組を見ていて驚かれたと（笑）。

松尾　そうなんです。悪い本でも読んだんじゃないかと思って（笑）。

太郎　ええ、読みましたとも（笑）。それで、松尾先生に「知恵をつけてください」とメールしたんです。

――随分ストレートなアプローチですね。松尾さんはどう思いましたか。

松尾　もともと、会う前から大変誠実な方だと思っていました。現場で犠牲になっている方を思って運動をやっている人だなと。そうしたら本人からメールが来たという。最初はなりすましかと思いましたが本人だった（笑）。

――そこから太郎さんに経済学を叩き込むという教育が始まったそうですが、どのような授業をしたんですか？

朴　2016年夏から、私たちは左派・リベラル派のための経済政策をつくる「ひとびとの経済政策研究会」というのを立ち上げました。私たちに西郷甲矢人《さいごうはやと》さん（長浜バイオ大学准教授、数学）を加えた3人が共同代表で、あと何人か若者が研究者として参加しています。ちょうどそんな時に山本太郎さんが松尾さんに経済学を教えてほしいということで、みんなで集まって勉強を始めたんです。

――でも、普通の授業みたいな形は頓挫《とんざ》したとか……。

太郎　最初は会議室みたいなところで教えてもらってたんですけど、公式とか出てくると、マイナスとマイナスをかけたらプラスになったりする。そんなズルいことが許されるのはおかしいじゃないかと、そこから躓《つまず》いて（笑）。

朴　ああ、その辺からなのか……って（笑）。僕たちが教えてもこれは道のりが長いぞということになりまして、これは逆に、山本さんが先生役として教えるという体裁を取った方がいいなと。僕は普段からわかりやすいプレゼンテーションを心がけてパワーポイントを作って自分でも演《や》っているんですけど、それを山本さん用に作って、「あなたが人前で読むんですよ」と。たぶん、「こういう資料を作ったから読んでください」と言ってもダメで、これを何月何日に皆さんの前で演るから、それまでにしっかり読んで何度も練習してくださいって。

——太郎さんの性格を理解した素晴らしいやり方ですね！

朴　そういうやり方で、これまで4回、経済学の基礎的な知識についての講義を山本さんにしてもらいました。最初は50人の前でやって、それだと狭くなって100人の部屋に。台風の時以外は全部満員でしたね。

松尾さん、朴さんの経歴に迫る

——そんなふうに現在、太郎さんの経済政策を支えるお二人ですが、簡単にこれまでの経歴などをお話していただけますか。

松尾　僕はもともと文化人類学に興味があったんですが、大学の時、教授に「君の考えは経済学の考えだ」と言われて、経済学部を勧められたことがきっかけで理論経済学を始めました。今訴えている経済政策はもともとずっと前から言っていたんですが、民主党時代には『不況は人災です！　みんなで元気になる経済学・入門』（筑摩書房）という本を出しています。要は景気を良くしないといけませんという話です。不況の状態というのはみんなお金を溜め込んでしまう。お金を出させることが一番鍵になるんですよという話で、例えば銀行も貸し渋りをしてお金を溜め込んでしまう。お金を出させることが一番鍵になるんですよという話で、日本銀行がお金をたくさん作って、政府支出をする資金に使ったりして景気を良くする方法もあるという話を当時からしていました。ですが、なかなか受け入れられないうちに、今度は安倍さんが似たような話をし始めた。こりゃ安倍さんは改憲のために選挙で圧勝しようと景気回復作戦を本気で取ってくるぞ、と私は警告してきました。なので、今の野党側の人たちがこのままの経済政策でいたら負けてしまいますよ、ということを言ってきたつもりです。そしたら僕が、安倍さんの手先みたいに思われて叩かれたりするんですが（笑）。

――政策の内容についてはのちほどじっくり語って頂きます。では朴さん、お願いします。

朴　私は環境経済学というのを専門にやっているんですけど、もともと中学校の時に広瀬隆さんの『東京に原発を！』（集英社文庫）を読んで、原発って怖いなと思って、そのことがずっと念頭にあって、大学に行く時、何かそれに関わるところはないかと考えて、経済学やと思ったんです。それで大学院に行ってドイツにも留学したんですけど、一番大きな影響を受けたのは、ドイツのワイツゼッカー博士（エルンスト・U・フォン・ワイツゼッカー、1939年生）という環境学者です。その人がエコロジー的税制改革というのを唱えた。それ以前は、原発を止めるためにはエネルギー消費量を減らさなあかん、そのためには経済成長を止めなあかん、マイナス成長を続けなあかんという考え方やったんですけど、ワイツゼッカー先生のエコロジー的税制改革は違った。経済成長はすればいい、環境に与える影響が半分になればいいじゃないか、エネルギー消費量が半分になればいいじゃないか。そのためには資源を使う効率を4倍にすればいい。それには何が一番効果的かというと、税金だと。エネルギーとか環境に悪いものに税金をかけていく。環境税の税収は、他に何か減税して返していくから、増税じゃありません。例えば労働にかかっている社会保険料とか税金とかを下げるように返していくと雇用も増える、と。

すごいな、環境の問題を経済から解決していくってこういうことなのかと思いまして、環境税制改革の勉強をしてきました。原発については、大学生の頃から反対運動に関わっていましたし、2003年には、大飯《おおい》原発で大きな事故が起きたらどれくらいの損害になるのかという試算をして論文も出しました。

――原発が入り口だったとは、太郎さんに出会うべくして出会ったような経歴ですね。そして2011年、東日本大震災が起きたんですね。

朴　3・11後は原発に関する経済的な問題や法的な問題、省エネ、再生可能エネルギーの問題などで講演活動をしてきました。2013年には『脱原発で地元経済は破綻しない』（高文研）という本も出版しました。

太郎　それは、モデルになった国とかあるんですか？

朴　ドイツです。2000年にドイツのグリーンピースが出した報告書があるんですが、国全体としては、原発をやめても経済は悪くならないし、むしろ雇用は増える。問題は原発立地地域ですね。だから再生可能エネルギーの拠点にしていくべきという提言がありまして、それは一番モデルになりました。

「緊縮」「反緊縮」ってなに？

――それではこの辺りからお二人が所属する「ひとびとの経済政策研究所」の政策についてお聞きしたいのですが、「反緊縮」ということばがキーワードですね。まず、「緊縮」とはなんなのか、そこから説明して頂けますか。

松尾　緊縮とは、一言で言えば小泉（純一郎）さんがやったようなことですね。基本的に財政を削減して、なるべく支出をしませんと。社会保障費や公共事業をカットしていく。だけど「公共事業で無駄遣いをしてけしからん」っていうのが自民党への批判としてずっとあったから、その点はそれほどマイナスに評価してない人が多かったんじゃないかな。「緊縮」って言う人は、財政赤字はいけません、財政は健全じゃないといけませんっていうのが基本的なイデオロギーなんです。そういう立場の人は、消費税を上げましょうというような大衆課税の立場が多いんですね。そのような政策パッケージが「緊縮」です。

太郎　もっと平たく、本当に雑な言い方をすると、**「ドケチ」が緊縮で、反緊縮は「ケチケチしてるんじゃ**

ねぇ」という考え方。

松尾　そのとおり。素晴らしいまとめ（笑）。

太郎　今みたいに国民の6割近くが「生活が苦しい」という状況なのに、「国は財政を健全化させるためにお金を出しません」と**社会保障を絞り、借金返済のために増税したらどうなるか。景気はもっと悪くなる。**世の中に出回るお金を調整するのが金融政策。それを増やして政府が大胆に、いい意味でのバラマキをしろ、と。政府が削ってる分野は言い換えれば一番伸びしろがある分野なんだし、ケチケチせずそこにお金を出せ、大胆に財政出動しろ、これが「反緊縮」ですね。

朴　補足すると、不況の時ってみんな節約しなきゃいけないって思うんですよね。でも、**みんなが節約するとみんなが苦しくなるのが不況**というものです。これを専門用語で「合成の誤謬《ごびゅう》」って言うんですが、経済学を知らない人はここが分かっていない。だから緊縮の目的が財政の健全化であっても、みんなで無理して節約すると財政の健全化も遠のくんです。それが「失われた20年」。だからこそ、まずは経済を回復させることを第一に考えないといけない。

実は借金じゃない

――そのためには、具体的にどんなことをしていけばいいのでしょうか。

松尾　例えば、企業は内部留保をいっぱい溜め込んでますけど、本来だったらそういうところが労働者にいっぱい賃金を出すとかで使っていくべきなのに、そうなっていない。社会全体でそういうことができる環境を作っていきましょうということです。安倍さんもいろいろやってるんですけど、基本的にはこんなものでは足りませんよ、ということです。例えば、日本銀行でお金をたくさん作って出したんですが（金《きん》融緩和《ゆうかんわ》）、銀行の中に溜まったままになっています。もともとは、そうやってお金をたくさん出したら物価が上がるだろうと予想されていた。そうなると企業の人たちからすると、借金した時、借金が実質的に目減りするので設備投資をたくさんするだろうと。しかし、簡単にはそうなりませんでした。一般の人で言うと、借金をして家を建てたりする時、将来の借金が目減りするかどうかは大きいですよね。そういう時、物価も上がるけど、賃金も上がるという予想じゃないといけない。物価は上がりそうだけど賃金は全然上がりそうではないねという予想だったら、将来大変になるから今は溜め込もうとなって景気にとってマイナスになる。ちゃんと賃金が上がるとわかることが必要です。

なので、ひとつは**最低賃金を上げていくスケジュールを作る**。雨が降っても槍が降っても毎年何％で上がっていきますって決めてしまえば、予想になると思います。それは企業にとってはコストですから、コストが上がると価格も上げる。そっちの方が予想がつきやすい。でも、今は銀行に溜め込まれたままになっている。そこでもう一つは、日本銀行がお金を出すんだったら、**それを政府が使えばいいじゃないか**ということです。国債を日本銀行が買って、出したお金を政府が使う。それを社会保障や介護者の賃金、教育の無償化などに使っていく。

朴　私たち、「赤字は怖くない」とか言ってるから不健全だと思われてるんじゃないかと思って、**「新しい健全派」**というラベルを自分たちに貼りました。今、政府が財政赤字を出していると言っても、ほとんど国債を日銀が買っている。日銀は政府が株式の55％を保有する、政府の子会社でしょう？　政府と日銀を連結決算して「統合政府」で考えたら、日銀が国債を買い上げたというのは、民間に対して借金を返したのと一緒なんですよ。日銀が保有する国債は、実は借金じゃない。これを全部返そうなんて思っては本当はダメです。本当に返そうとして、日銀に入ってる国債までゼロにしたらお金もゼロになる。経済が回らなくなるんですよ。民間に出回ってる国債の残高と名目ＧＤＰとの比率が安定していればいいのであって、返そうなんて思う必要はないんですよ。

太郎 家計と国の財政を同じように考えちゃいけない。借金は悪いことだから一刻も早く返せ、となるけど、国が存在する長さは80年とかではなくて、１０００年単位とかそれ以上ですよね？ その中で健全化を目指していけばいい、という話ですね。しかも今の政府の借金、貸し主は日銀、ですから。事実上、日銀が政府の借金を引き受けている状態。もちろん借金ですから、利息を払うんですが、結局日銀に入った利息分は、国庫に返納されます。日銀の上がりは政府に上納される。日銀は政府の子会社なんだもん、その方法で足りないところに大胆に使おうよってことです。

朴 実は日本って、先進国の中でもっとも小さな政府なんですね。公務員がすごく少ない。日本より小さいのは韓国だけ。なのに、社会福祉を増やすとか公務員を増やすとかなると、大きな政府になってもたないと思い込んでいる。でも、市場でやり取りされない保育所ニーズや医療保険のニーズや介護というのは、もっと政府がお金を使って人々の将来の安心を保障すべきです。そのための政府支出は増やすべきだと思います。**私たちが掲げているのは小さな政府ではなくて、ルールに従った大きな政府**なんですよね。

消費税はどうなる？

――でも、大きな政府だと、消費税高くなるのか、と言われませんか。

朴 私たちは、まだ物価安定目標が達成されていないので消費税は上げるべきでないという立場です。しかし、物価安定目標を超えたインフレーションが起こった場合には、その歯止めのためになんらかの増税が必要になる。その時に本当の意味での財政の健全化が必要になる。インフレを止めるために増税するんです。そのための税金は必ずしも消費税である必要はない。私が環境経済学者として優先的に考えているのは**環境税**ですね。エネルギーに課税しましょうということです。そしてやはり、今格差が広がっている時代なので、**所得税の累進制《るいしんせい》を強める**。あるところからしっかり負担してもらう。

松尾　なんで税金をかけるかと言ったら、**総需要を抑えるために税金があるんです。**

——太郎さん、総需要とはなんでしょうか？

太郎　頑張って説明してみます（笑）。**総需要というのは、消費＋設備投資＋政府支出＋純輸出。**モノやサービスを買う金額を表していて、GDP（国内総生産）はこれで決まります。景気を良くするためには、この総需要をどんどん拡大してかなきゃならない。その総需要の中で6割を占めるのが個人消費。みんなが今よりもっとお金を使える状況にならないと景気は良くならない。なのに今、消費の部門に税金を高くかける政策をやろうとしている。**金融緩和（日銀が通貨の供給量を増やす）**をしながら増税というのは、お金を多く流通させようとしながら、そのお金を吸収しようとする行為で、アクセルとブレーキを同時に踏んでる状態です。それでどうやって景気が良くなるの？　って話なんですね。景気を良くするために消費を大きくしようとしたら、賃金を上げなきゃいけない。同時に、金融緩和で銀行に積み上げられたお金は誰かが借りて、積極的に設備投資に使われなきゃいけない。けど、みんなお金がなかったり、将来の不安で使わずにいる。そんな人がたくさんいれば、消費は伸びない。だったら、設備投資も積極的には行われない。この国の将来に展望が見出せないのが大きいと思います。少子化対策を諦めてるなら将来は尻すぼみ、投資しても意味ないわって企業側も思いますよ。完全に政治の失敗のツケが廻ってきてますね。

僕と同世代のロストジェネレーションや団塊ジュニアの人たちについて言うと、90年代、00年代にベビーブームが来るような施策を打たなきゃならなかった。だって人口が多いんですから。でも何もやらなかった。この世代が結婚して子どもが作れるようなお膳立てが積極的に必要だったのに、「失われた20年」とドンかぶりして悲惨な状況を放置した。この世代は今も大変な状況にいます。でもこれがわかったのって2年前、5年前じゃなくて、何もやらなきゃ、そうなることはわかってたけど、何も対策しなかっただけ。要は、国はずっと「持続可能な国作り」というのは横に置いて、企業側にいかに楽をさせるか、儲けさせるかということばかりをやってきた。その結果が今、すべて出揃ってしまっている。この国を持続可能にしていくためには、まず少子化の改善ですよね。そのためには、**教育に負担をかけない、低廉《ていれん》な住居の提供、賃金の補塡《ほてん》をやるしかない**。国が積極的にやらなかった、ある意味のびしろがある分野、みんなが一番困ってる分野に大胆にお金を出すという政策をやっていくべきです。**保育園、介護施設、奨学金の問題など、今デフレなんだから、お金を作って大胆にやってしまえばいい**。

——なるほど。今の太郎さんの説明はどうでしたか?

松尾　僕ら何も言う必要なくて、今の話だけで済みました（笑）。

太郎　悪い本に書いてありましたから（笑）。

——素晴らしい!　それでは、最後にこれだけは言いたいということをお三方からお願いします。

若者＝右傾化じゃない

朴　とにかく、現在の「常識人」の考え方というのは、特に恵まれない層の命とか健康とかを犠牲にしながら財政を黒字にすることを健全だと勘違いしているので、それは改めてもらいたいと思います。私たちも改めてもらえるようにこれからも発言していきたいですし、山本太郎さんという強い味方ができましたので、より一層発信していきたいです。

松尾　２０１７年の衆院選の結果を受けて、若者が自民党に入れてる、若者は右傾化してるって話になってるんですけど、実はそうじゃないということを話したいと思います。

９条改憲にしても、若い世代のほうが改憲に反対する人は多い。中国や韓国に親しみを感じるかという質問にも、若い世代ほど親しみを感じる人が多い。だから若者右傾化説っていうのはまったくの濡れ衣で、間違ってるんですよね。にもかかわらず、安倍自民党に入れてるということを、もっと重く受け止めるべきだと思います。それは何かというと、経済のこと以外にないわけです。若い学生にとっては就職は大きな問題ですから、就職は良くなっていると、じゃあ野党が政権を取ったらこれが維持できるのかとなったら、やっぱり不安に思っている人が多いと思いますよ。なんか経済のことに弱そうとか、景気刺激に反対しそうとか。それで自民党に入れてしまう。

ロスジェネ世代の人たちも、今でもひどい状況だと思うんだけど、民主党政権の時代っていうのはそれこそ職がなかったりしたわけです。職がなかった人が、ひどい労働条件かもしれないけれど職を得た、あるいはむちゃくちゃひどかった派遣先が少しまともな派遣先に変わったとか、そんな状態になってると思うんで、満足できるような状態じゃなかったとしても、昔に戻るのかと言ったらそれは嫌だって感じが強くて、安倍自民党はそういう人たちに支持されていると思うんです。

なんだかんだと言いながら、景気は結局良くなってきている。いつも選挙前には公共事業増やしてその後息切れするんですが、今のところそれで持続している。そういう状態の中で、「来年こそ恐慌《きょうこう》になる」だとか「アベノミクスは破綻《はたん》する」と言い続けていても、通じないんじゃないかって気がするんですよね。

既存の野党の人たちは、自分たちを支持する層は左側にいて、それをどこまで広げていけるかって発想で野党共闘とかを考えていると思うんですね。それで安倍さんに票を入れるような人は遠くの右にいて、そこまでひっくり返すことはできないと。そんなところがあるんじゃないかと思うんですが、実際はそうじゃなくて、本来は野党を支持するはずの人たち、新自由主義に苦しめられてきた人たちっていうのは、直接極右に行くんですよね。

——そうですね……。

松尾　直接取り合ってるんですよ。都知事選（２０１４年2月19日投開票の東京都知事選挙）だって、宇都宮健児さんか田母神《たもがみ》俊雄《としお》さんか迷うっていうような状態です。そこを理解していないですよね。でも、実際はそうなんですよ。野党は、本来はそういう、極右的な安倍さんに入れている層の票をどう取るかってっていうことが大事なのであって、安倍さんに入れている層が何を考えているかっていうことですよね。この現象は、世界的に起きています。トランプさんに入れる層、（フランスの極右の）ルペンさんに入れる層というのも同じ。だからそれは、本来は左翼政党が取る層なんですよね。そういう発想をしないといけないと思っています。

——それでは太郎さん、最後に一言、お願いします。

太郎　先生方が作られた「反緊縮経済政策マニフェスト　２０１７（案）」という素晴らしいマニフェストがあります。そこに書かれている内容を見れば、この人たちは本当に人間を大切にしようとしているなってことがひしひしと伝わってくる、すごく熱くてグッとくる内容のものになっています。マニフェスト読んでグッとくるってなかなかないと思うんですけど、本当にいい政策なので、これを実現できるような力を持ちたいって思いますね。誰もが希望を失わずに生きていける、本当に人間の尊厳を大切にするためにはこれをやるしかないじゃないかって言えるくらいの内容なので、本当に政治に反映させられるように精進します。その前に、もっと経済のことをわかりやすく話せるように頑張ります（笑）。

――お二人にとって、太郎さんは生徒としてどうですか？　飲み込みが早いとか教えがいがあるとか。

松尾・朴　試験をしてないのでわかりません（笑）。

太郎　怖い怖い（笑）。

――今日はお忙しいところ、本当にありがとうございました。

※「反緊縮経済政策マニフェスト　２０１７（案）」は左記でご覧ください。
https://economicpolicy.jp/2017/12/04/1022/

それから1年後、もっとディープに経済を語る

【この鼎談がなされたのは２０１７年11月。それから1年後、改めて太郎に経済政策について語ってもらった。】

鼎談でも言ってますが、**少子化を改善**させるために何が必要かって言ったら、**教育、公的住宅、給与に対する補塡**。この三つなんですよ。教育は本人と家族に負担がかからないようにする。公的住宅は安い家賃で住めるようにする。賃金が低い人には補塡する。この三本柱をやった国、フランスなどは出生率が回復している。大胆に財政出動すべき、必要なものを国がしっかり支出していくべきって話です。

景気がいいってどういう状態かと言えば、世の中にお金が回ってること。その逆、**お金が世の中に回っていない状態がデフレ**です。

そもそも日本でどうして20年間デフレが続いたのか。ＩＭＦ（国際通貨基金）のデータを見ればわか

ります。戦争や紛争をしていない１４０カ国以上のデータをもとに、20年間の政府総支出の伸び率【図1】を見ると、日本がドンケツ。20年間、人々に投資しないドケチ国家ナンバーワンが日本だった。結果どれくらい成長したかをＧＤＰの伸び率で見ると【図2】、グラフに現れないほど低い。ほとんど成長していない。投資がないところには成長がないということです。

20年間も続いているデフレ。この犯人は誰かと言ったら、自民党の間違った経済政策です。

２０１７年の日銀の調査で貯蓄ゼロ世帯【図3】は20代で61・0％、30代で40・4％、40代で45・9％、50代で43・0％、60代で37・3％です。民主党政権の２０１２年と比較して、大幅に増えています。

ただ、この日銀の「貯蓄ゼロ」世帯、より正確にいうと「運用目的などの金融資産を持っていない世帯の比率」。これは銀行にお金は預けてるけど日常生活で消える、って人も貯蓄ゼロに含まれるんです。でも２０１８年に行われた調査から「貯蓄ゼロ」世帯が急低下したんです。

全体では46・４％だったのが、今回は38・６％。20代で言えば、45・

【図１】

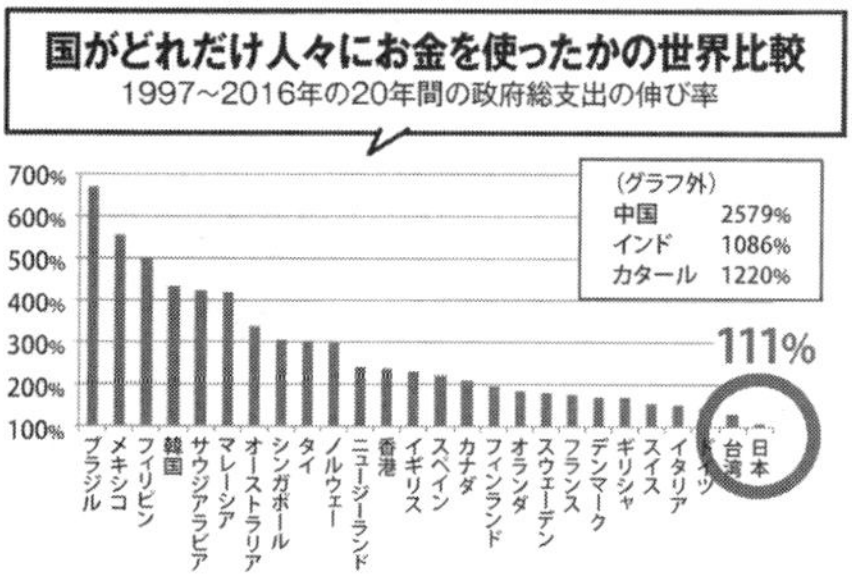

【図２】

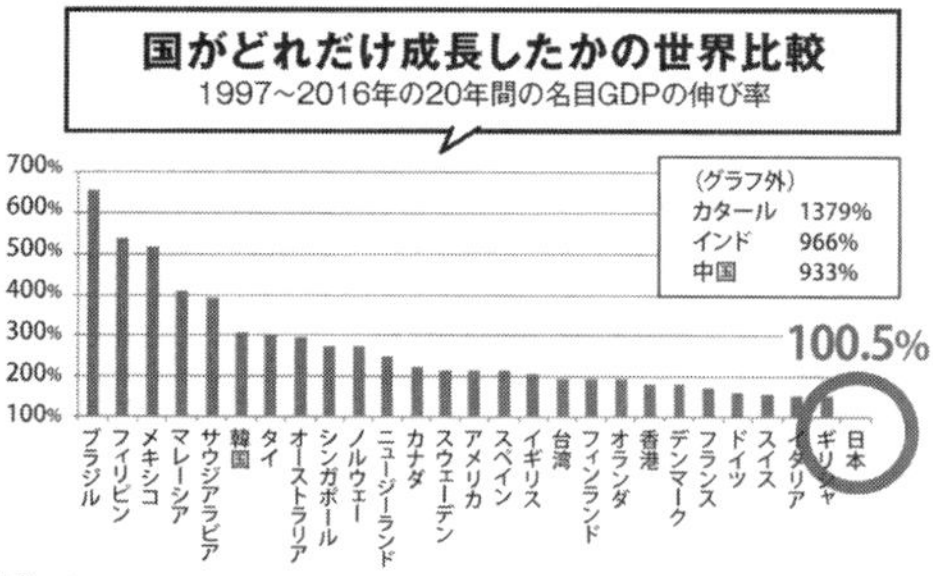

出典：International Monetary Fund, World Economic Outlook Database, October 2017

【図３】年齢別貯蓄ゼロ世帯の割合

	2012 年 民主党政権		2017 年 自民党政権
20歳台	38.9%	増加	61.0%
30歳台	31.6%		40.4%
40歳台	34.4%		45.9%
50歳台	32.4%		43.0%
60歳台	26.7%		37.3%

【出典】金融広報中央委員会「家計の金融行動に関する世論調査［単身世帯調査］金融資産の有無」

４％になった。数字を見ると明らかに減っている。なぜか？　２０１８年から調査の聞き方を変えたから。

日銀によると、聞き方を変えたのは、日常生活の引き落としのためのお金すら銀行口座にないという本当の「預貯金ゼロ」の数字を個別に出したいからというのが理由だと。銀行口座は利用しているが日常生活で口座のお金がなくなるって人の数字は含めないことにした。これだって事実上の立派な貯蓄ゼロなのに。ここを含めないことにした。限定を加えれば当然、数字は小さくなる。

聞き方を変えた質問の結果と前年を比較して、なんらかの意味を見出すことは統計学上はやってはいけないことになっています。前年では聞いていない新しいものと、これまでのデータでは比較しようがない。実際、日銀も調査結果の中で「データは不連続」と断り書きをしている。

なので、２０１７年の調査をもとに街頭でも話をしていきます。そのグラフを見せるたびに、この説明を加えなきゃいけないってのが面倒ですよね。

ただ、金融資産の有無以外のところを見ると、前回に引き続き同じ聞き方で今回調査している部分もある。例えば家計が「思ったより苦しい」と答えた単身世帯は前回より０・３％増えている。一方で、「二人以上世帯」では４・５％改善している。**「手取り収入」でも「単身世帯」で平均８万円減っている**が、「二人以上世帯」では、32万円増えている。そういった意味では、単身世帯はまだまだ厳しいということが言えます。

２０１6年の国民生活基礎調査によると、生活が苦しいと感じる一般世帯は56・5％、母子世帯では82・7％にもなります。他のデータを見ても、人々の生活は地盤沈下してることは明らか。景気回復に繋がる消費が上向かないのも当然です。景気をよくするためには、ＧＤＰの6割を占める個人消費が拡大されなきゃいけない。でも現状は人々がお金を使いたくても使えない。あったとしても将来不安から使えない。そんな時に、借金返済するからと増税したら、世の中に出回るお金が減って大不況になっちゃうって話なんですよ。

私がやりたいことは、世の中にお金が回っていないのであれば、デフレの時にしかできない大胆な方法で、政府がお金をみんなが使える状態にするということ。新規国債の発行です。１０００兆円の借金を更に増やすのか？　と財務省の洗脳そのままにおっしゃる方々もいますが、**財務省は庶民に増税する口実として借金ガー、といってるにすぎません**。負債には見合った資産がある、ということを忘れてはいけません。財務省の国の財務書類を見ると、負債に見合った資産があることがわかります。それだけ単純にみても借金は半分以下になります。本当に借金まみれで立ち行かないならば、それらを売るはずです。

でも売らなくていい、困っていないから。売れないものばかりじゃないか、とおっしゃる方もいますが、金融資産は売れますよ。他にも、首都高速やイージス艦も売れます。他にもオスプレイ、これは買い手がつかないか（笑）。とにかく、困ってないから売らなくてもいいんです。加えて、**現在日銀が金融機関などから国債を買い取る買いオペレーション**、いわゆる**買いオペ**をやってますよね？　政府の借金を日銀が買い取る、という感じです。

国と日銀は親子関係です。それを理解するのに一番わかりやすいのが**国庫納付金**です。日銀に入った収入のうち、諸経費をさっ引いた分が国庫に戻される仕組み。中央銀行を持つ多くの国々で行われている方法です。

買いオペ、国庫納付金、このやり方で何ができるか。

借金ではあるが財政に負担はない、ということが担保できる。政府が借金する、その際に国債を発行。その国債を主に金融機関が買う。その国債を日銀が買い取る。政府の借金ではあるが、財政に負担がない。

この方法を使って、例えば、個人消費を引き上げるためにインフレ率2％を達成するまでお金を給付する。生きているということだけが条件で、一人あたま毎月3万円。4人家族なら毎月12万円を給付する。年間約40兆円でできます。政府の借金ではあるが、財政への負担はない、ということが先ほどの方法でできるのですから可能です。他にも消費税を下げたり、民間がもっとお金を使えるように賃上げをした企業や設備投資をした企業には減税するとか。とにかく実態経済にお金が回るような状態を作らなきゃいけない。そうすることによって、デフレからインフレになっていく。いつまでもこの方法を続けられるわけではありません。インフレ目標の2％に到達したらやめるとき。

インフレ率2％になった際の財源は国債発行に頼れません、インフレがより進行するので。その時には増税による引き締めが必要です。もっと雑にいうと、お金が世の中に回りすぎるとインフレが進行するからインフレ率2％を合図にお金を間引くってこと。その時にどこから取るか？　例えば、まず儲かっている企業から取る。例えば法人税の実効税率【図4】って、1990年代の49・98％から2018年には29・74％まで下がり、この先25％を目指すそうです。ですが、この決められた税率通りに払っている企業はありません。2014年、財務省に「税率通りに税金を払っている大企業の名前と数を教えてくれ」と問い合わせ、調べてもらいました。結果、「存在しません」という答えが返ってきました。

どうして存在しないのか？　租税特別措置とか、「税が割引になります」っていうサービスが80以上も存在しているから。この見直しが必要です。なぜこんなことになっているかというと、組織票や企業献金だったり大企業によって支えられている議員が多いから。ご恩返しの一貫で減税が進んでいくと。

結果、企業は利益が膨らみます。内部留保です【図5】。企業は今、過去最高に、バブルの時よりも儲かっています。**株主への配当など、必要な支払いを全て終えた丸々の利益を内部留保**と言うのですが、それがここ数年で46・7%も増えています。景気が良くないので使わずに溜め込んでいることも事実ですが、大減税によって利益が膨らんでいるのも事実。新規国債発行以外の財源としては、儲かっているところから取る、という税金の取り方の基本に還るだけです。

もうひとつ、所得税です【図6】。今、所得税のピーク（申告納税者の所得税負担率の最高値。2014年分）は28・7%。これに該当するのが年収1億円の人。一方で

【図4】法人税引き下げ推移（法人実効率）

1990年代	・・・49.98%
2014年度	・・・34.62%
2016年度	・・・29.97%
2017年度	・・・29.97%
2018年度	・・・29.74%

【出典】財務省資料「国・地方合わせた法人所得課税の実効税率」

【図5】企業の内部留保は過去最大に増加

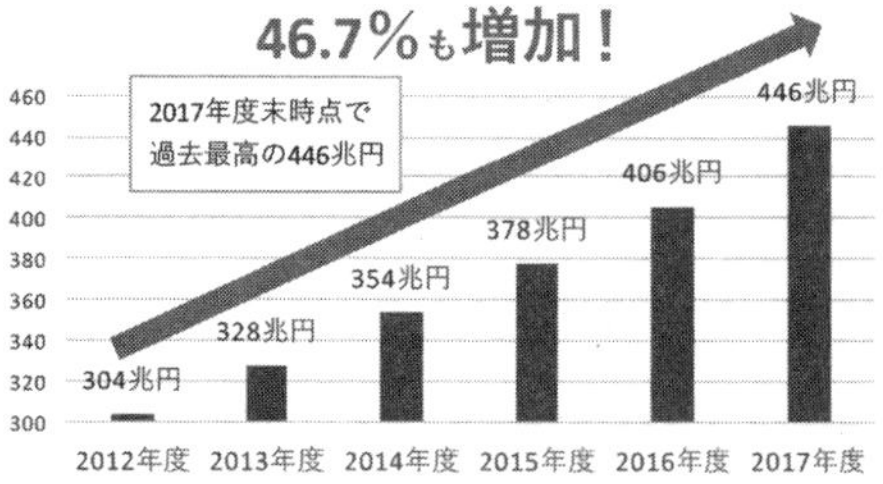

財務省「法人企業統計調査」

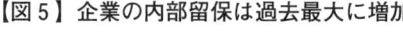

【図６】申告納税者の所得税負担率（平成26年分）

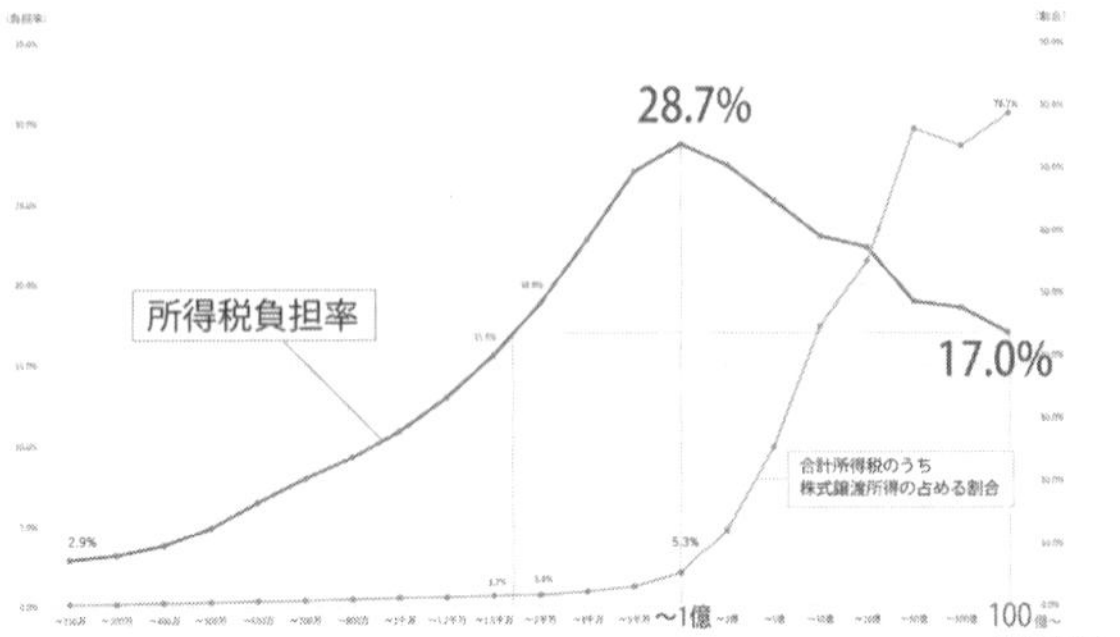

（出所）財務省資料

【図７】1989年からの消費税収と法人税収の減少額

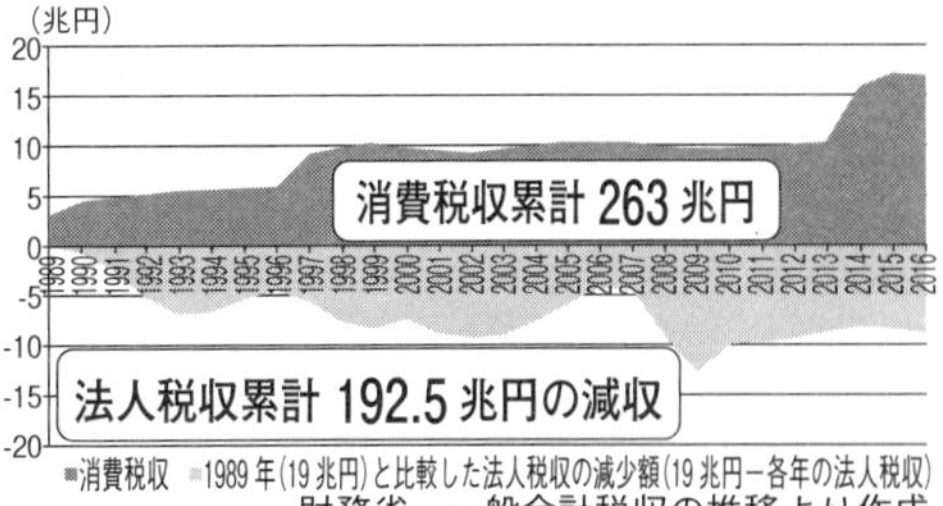

財務省　一般会計税収の推移より作成

年収１００億円の人の税率は17％。これは年収１５００～２０００万円の人と同じ税率です。**よりお金を持ってる方が税負担が軽いという逆転が起きています。**この原因は株の配当や売買などで得た金融所得に対して、所得税とは分離して課税されているから。同じ所得であるのに、金融資産からの所得は分離されて税率が低く抑えられてる。だから、**総合課税にして全ての所得は所得税で取る。**金持ちに対して行き過ぎた税率の歪《ゆが》みを正していくことで財源は確保できる。**これによって消費税はやめられます。**

消費税しか財源がないかのような空気に支配されてますが、消費税が導入される以前は、それ以外の税の取り方で財源を確保していたことを忘れてはいけません。

消費税は、１９８９年から3％でスタート**【図7】**。１９９７年に5％、２０１４年に8％と上がってきて、消費税収は２０１６年までの累計で２６３兆円。でも、法人税収は１９２・５兆円減っています。つまり、消費税増税の実に約73％が法人税収の減少分に割り当てられていた、とも言えます。消費税増税で法人税の減税した分を補填しているという話です。自民党は、自分たちのスポンサーである大企業に対して大きな見返りを与えるために法人減税して、その補填のために消費増税しているとも言える。**日本経済団体連合会（経団連）は2025年までに消費税を19％まであげろ、という提言を政界にしています。**自分たちの税負担をもっと下げろ、ということですね。

では私たちは消費税をどのくらい負担しているか。まず、消費税は超不公平な税です。紙おむつからダイヤモンドまで同じ税率がかかる。贅沢品であろうと日用品であろうと同じようにかかるということは、収入が少ない人ほど負担が重くなる。例えば【図8】消費税率5％の時、年収1500万円以上の人の負担率は1・1％くらいですが、200万円未満になると負担率は5・5％。消費税率が上がっていくたびに不公平感はもっと広がります。これは、日本経済新聞電子版にあるシミュレーション数値です。

では年間でいくら取られているか。総務省の平成26年度全国消費実態調査を基に山本太郎事務所で行ったシミュレーションでは【図9】、月20万円消費するとの前提で、5％の消費税率では一年間で12万円、8％で19・2万円、10％で22・8万円も取られる。月30万円消費の前提で5％なら18万円、8％で28・8万円、10％で34・2万円。月40万円消費の前提で、5％で24万円、8％で38・4万円、10％で45・6万円。消費税を廃止すれば、一カ月分の所得をみんなに返せるイメージです（計算方法は次頁右下参照）。

消費税増税で誰に一番影響があるかというと、若い世代です。5％から8パーセントに上がった2014年には、**20代の貯蓄ゼロ世帯が急激に増えました。47・4％から62・6％になった。**この理由は、

【図9】

月20万円消費世帯の年間消費税負担額

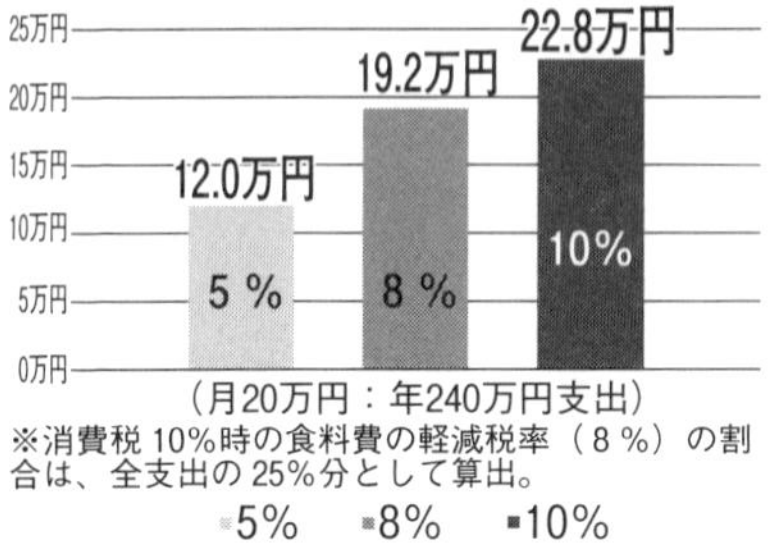

（月20万円：年240万円支出）
※消費税 10%時の食料費の軽減税率（８%）の割合は、全支出の 25%分として算出。

月30万円消費世帯の年間消費税負担額

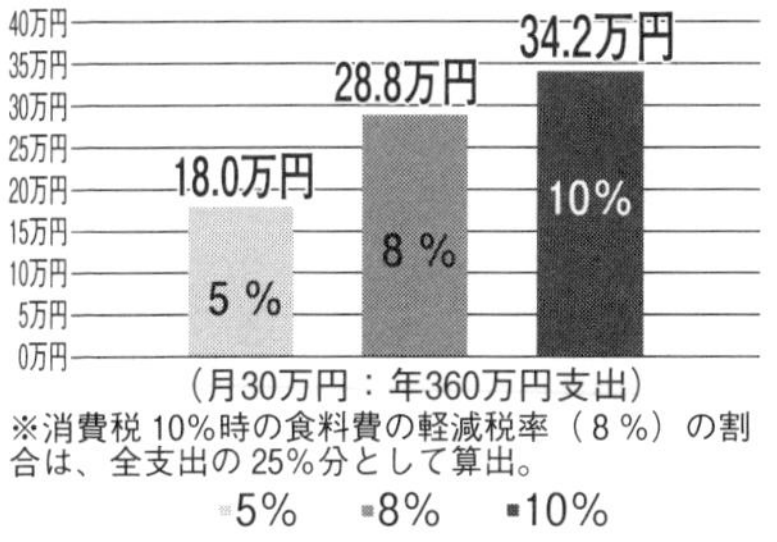

（月30万円：年360万円支出）
※消費税 10%時の食料費の軽減税率（８%）の割合は、全支出の 25%分として算出。

月40万円消費世帯の年間消費税負担額

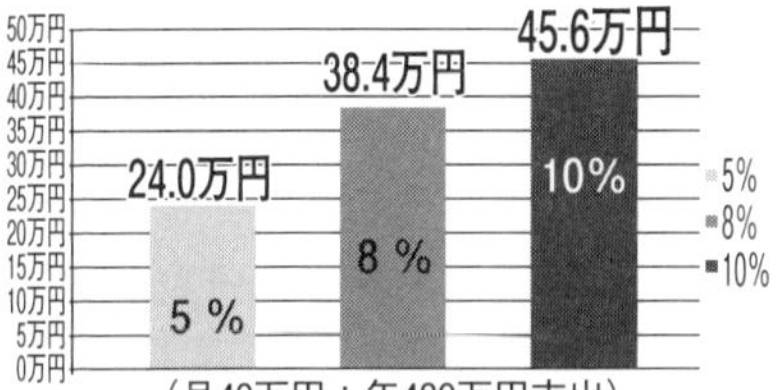

（月40万円：年480万円支出）
※消費税 10%時の食料費の軽減税率（８%）の割合は、全支出の 25%分として算出。

【図8】

5％(1997年)の時の消費税負担率	
低所得者層	高年収層
5.50%	1.10%

8％(2015年)の時の消費税負担率	
低所得者層	高年収層
7.20%	1.60%

10%(将来)の時の消費税負担率	
低所得者層	高年収層
8.90%	2.00%

日経新聞電子版「年収でこんなに違う　所得・消費税、あなたの負担は（2016. 2 .23)」より

消費税10%であなたの年間負担がこんなに増える！

計算方法（試算の前提条件）

10%時には「軽減税率」が食費に適用されると仮定（エンゲル係数）
消費に占める食費の割合は全て25%で統一

この消費額は、総務省の2014年「全国消費実態調査」のデータに基づいて想定したものです。

消費税以外ないんですよ。月々1万円、2万円貯金できてた人が、それができなくなった。こんな状況にしておきながら少子化が国難だから衆議院を解散する、なんてお笑い以外の何物でもない。消費税増税で景気がどれだけ冷え込んだかというと、2013年と2014年を比較すると、消費税を3％上げたことによって、**個人の消費が8兆円下落**した。「100年に一度の危機」と称されたリーマンショックでさえも個人消費は6・3兆円の下落だったのに（出典　内閣府「2017年度国民経済計算［2011年基準・2008SNA］」）。それ以上のインパクトです。だから「景気回復、この道しかない」って言ってるけど、やってることはまったく逆。

じゃあ今やっていい増税は何かというと、金融資産の**所得に対して増税をするのはアリ**。**あとは法人税の増税と賃上げを行った企業に対する減税をセットでやる**。それ以外はやらない方がいい。今は、デフレの時にしかできないお金の回し方をすべきです。要は金を刷れ、それをみんなに配れってこと。要は国債を財源にして財政出動を大胆にやるべきだっていう話です。

今の安倍政権は、第一の矢として異次元の金融緩和、第二の矢として機動的財政出動をしました。だけど2年でインフレ率2％達成と言っていたのに6年経ってもインフレになっていません。なぜかというと、異次元の金融緩和はガンガンやるけど、もうひとつの機動的財政出動、みんなにお金を出すことをやっていないから。金融経済と実態経済があって、金融経済にはお金を刷って積み上がっているけど、実際にお金が銀行から貸し出されて初めて実態経済の方にお金が出る。ここから世の中にお金が回る。でも消費が弱い状況でわざわざ民間が借金してまで投資する理由がない。ここがうまくいっていないから、世の中にお金が出回らず、なかなかインフレにならない。

そこで国ができることはたくさんあります。例えば今、**奨学金**を借りている人と返済している人、合

【図10】

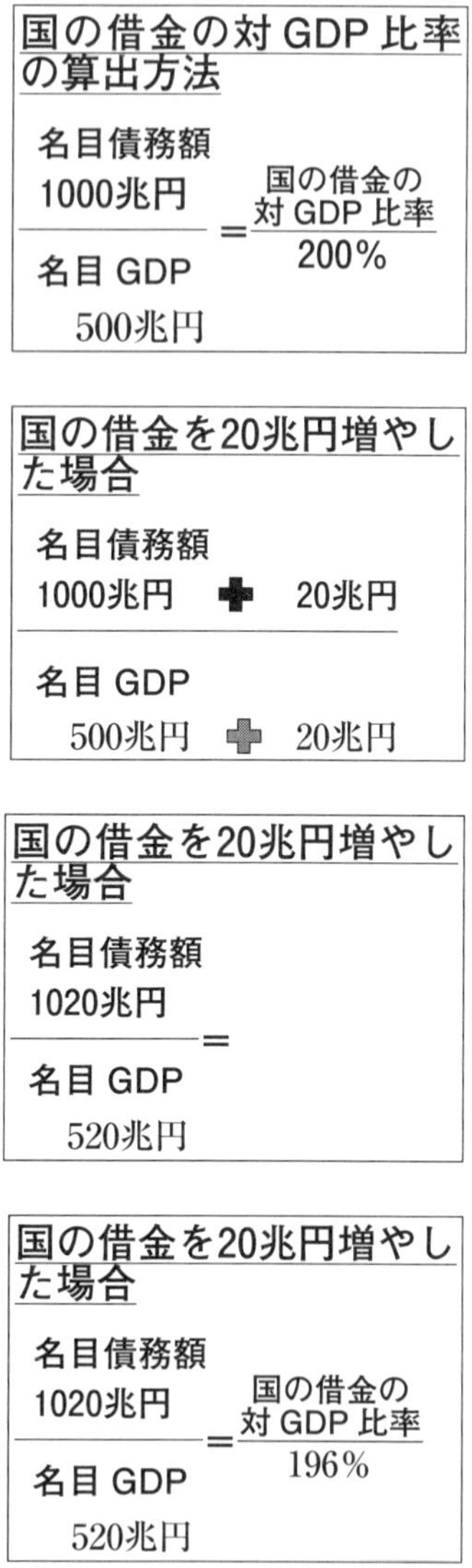

わせて555万人ほどですが、これを**全部チャラにしようと思ったら9兆円でできる**。2017年末時点での総貸付残高で9兆円。ここに財政出動をすればいい。国としては9兆円の借金だけど、555万人にとっては、自分たちの債務が帳消しになる。借金というのは、誰かの利益にもなる。誰かの負債は誰かの資産にもなるという当たり前のこと。政府が財政出動としてお金を出した場合には、それは国民の資産になるという話です。

要は政府が20兆円借金を増やして、その20兆円を社会保障費にそのままあてたとしたら、政府は20兆円借金したけど、人々に対して20兆円投資をしているという話なんです【図10】。**世界中が借金を増やして投資をしています**。そうすることによって、債務対GDP比は下がるんです。21世紀になってからの負債の増加率を見たら全然増えていない。もっと借金して投資しろって話なんですね。

財政の健全化を示す時に「プライマリーバランス」（基礎的財政収支）と言われますが、この指標を使っている国は圧倒的に少ないんですよ。プライマリーバランスの黒字化、**要は借金なしでの国家運営にこだわり続けることは、ほぼ税収というパイのみでやりくりするってこと**ですから。

経済が成長するための投資も、人々の生活を底上げする投資も行えず、パイは縮小していく。結果、財政にも税収減の悪影響が出る。負のスパイラルに入り込むってことです。

内閣官房参与（２０１８年12月に辞任）の藤井聡・京都大学教授は、２０１３年のＧ20の首脳宣言である「サンクトペテルブルク・サミット首脳宣言」でも、先進国が準拠すべき財政健全化の大きな方針について、「債務残高対ＧＤＰ比を引き下げる」ということ以外に財政再建に係る文言は存在していない、と。他にも、財政健全化の国際公約になっているものの最上位の目標はＧＤＰに対する債務残高比率の引き下げです。プライマリーバランスの黒字化はその実現手段に過ぎません。イギリスやフランスでも指標を変えたが国際的に信認を失ったか、というとそんなことはありませんとおっしゃっています。**債務残高対GDP比というのは、政府の借金と自分たちの経済規模を見た時に、どういう具合かを示すものです。**それを見ていくと、**日本は世界の中でもやっぱり全然借金を増やしていない。投資していない。**

政府が大胆な財政出動をしたら、世の中にお金が溢れ出す。そうしたらインフレ率が２％に達成するから、到達した時に引き締めればいい。

引き締める作業としては、**最初に日本銀行による政策金利の引き上げを行い**、それでもインフレ率が下がらなかったら、**お金持ちに対して増税をすればいい**、という段取り。増税が必要な際には、まず持ってるところから。それらを行った上で足りない、というなら消費税の議論もありでしょう。

それをやらずに税制を歪めて、ないところから搾《しぼ》り取って格差を拡げまくっておきながら、社会保障の財源は平等に負担する消費税で、など寝言は寝て言え、です。**まずは格差の是正、地盤沈下した土台をしっかりと作り直したあとの平等負担の議論です。**

僕はアベノミクスの一部は評価すると安倍首相にも言いましたが、アベノミクスって、別に安倍さんが開発した経済モデルでもなんでもないんですよ。普通に金融政策と財政政策を合わせた世界で行われている施策です。要は異次元の金融緩和と称して、お金を刷る。実際には各銀行が持つ日本銀行の口座に積み上がる数字が変化するってこと。それによって、お金をより借りやすくする、金利を下げるっていう効果を生み出し、円が安くなることで輸出企業も力を持ち、利益を得た企業が雇用を増やし、というところはプラスになった。安倍さんがやってるからろくでもないって言う人もいますが、ここは安倍ヤメろって人でも認めなきゃならない話なんですね。

安倍さんと私、山本太郎の違うところは何かって言ったら、人々への大胆な財政出動をやるかやらないか。大金持ちや大企業など、一部の人だけが美味しい思いをするようなことじゃなく、みんなに忖度《そんたく》するべきだと考えている点ですかね。

例えば日銀は、金融緩和の一環として、株の福袋みたいなのを買ってるんですよ。**ETF（上場投資信託）**って言って、年間6兆円くらいを目標に買っている。あくまで日銀としての政策であることと、この政策に関しての賛否は横において、毎年6兆円株を買えるなら、**さっきの奨学金をチャラにできる9兆円**なんて国にとっては安いもんだし価値のある政策だと思います。すでに奨学金自体が金融商品にされて、利息で薄く旨味をもらってる金融機関があったり、債権回収のお仕事を企業に差し上げていることなどでこのシステムをやめないってところもあるでしょうが、555万人が毎月、安い給料の中から無理やり返済するよりも、チャラにして、消費に回してもらう方が日本経済としては盛り上がるよねって話です。というような調子で、**消費税を減税したり、みんなに現金給付したり、全国の中古マンションや空き家を国が買い取って安く住めるような住宅にしたり、**今しかできない、**デフレの時にしかできない経済政策で人々を救えと。**インフレ率2％に達したらもう引き締めなくちゃいけないから。今やれることをやれって話なんです。

今、消費税ゼロを目指し、**第一段階として消費税を5％に下げる**っていう法案を準備しています。法律は、閣法といって政府が出すものと、**議員立法**といって、国会議員が10人集まれば法案を出せるものがあります。この10人集めて、を実現しようと動いていますが、問題が二つあります。

一つ。その法案を審議するかどうかを決めるのは与党です。つまりは、与党がやると決めなければ、法案は提出できても審議はされず棚ざらしになる。これまで野党側が提出してきた多くの法案がこの状態です。

二つ。野党共闘。共闘の枠組みの中では、消費税凍結が精一杯な状態で、引き下げるということは無理でしょう。消費税を主な財源に社会保障を充実させるという主張の政党もありますから。ここで消費税減税！　と強く主張することは、野党共闘の足並みを乱すことになります。10人の国会議員を集めることもハードルが高い。人々の生活がひどい状況であり、それを改善するためには、消費税ゼロ、最悪でも消費税5％に戻すことは絶対に必要です。ゼロを目指して、まずは5％を野党の共通の公約にできれば、政権交代にも繋がると考えます。

野党の共通公約を**「消費税ゼロを目指し、まずは5％に」**。

2019年の選挙に向けて、これを実現するには、あなたの街から選出された国会議員や候補者の事務所に行き、消費税下げる、を公約にしてくれ、と**直接声を伝えること**です。衆議院選挙では、小選挙区で、数十、数百、という得票差で勝ち負けが決まることがあります。自分の選挙区の有権者から、「消費税下げる」を公約にしろと100人から伝えられたら嫌な気分です。それが1000人になれば焦るでしょう。1万人であれば、その公約を訴えなければ、その票を失うことになります。所属する政党に公約を変更するように迫る以外なくなるでしょう。

それぞれの**お住まいの地域でやれるアクション**です。

第５章　山本太郎が皆さんからの質問に答えます

【ここからは、山本太郎事務所がホームページで２０１８年10月に公募した「山本太郎への質問」に答えて頂く。様々な世代から、幅広い分野の質問が寄せられた。】

Q１　社会を変えるには？

今の日本社会はいろいろ問題だらけなので、社会を変える必要を痛感しています。でも周りを見ると、政治に関心のない友達もたくさんいます。そういう友達に関心を持ってもらうためにはどうしたらいいでしょうか？

A　まずは相手が置かれている状況とか、相手が好きなものとかを入り口にして入ればいいんじゃないかな。まず、自分が言いたいことは横に置いて、その人が何に関心を持っているかを知る。そうしたら、アニメが好きだとか奨学金で困っているとか、その人の状況が見えてくる。

いきなり憲法の話をされたとしても、「なんだこいつ」という話なんですよ（笑）。ある意味、迷惑行為にしかならない（笑）。

全国で市民運動の活動をしている方たちとお会いする機会もありますが、自分の知っていることをみんなに紹介したいという熱い気持ちの人が多い。でもそういう感じで話し出すと、相手は興味がなければ聞いてるふりしかしない。

その経験は私自身もあるんですよ。例えばテレビの生放送で5分間もらえますとなったら、この5分に自分の知っていること全部伝えなきゃと思ってしまう。早口になるし、焦って鬼の形相になってビジュアル的にもきついし、何か取り憑かれている人みたいになる（笑）。

だから、なんのためにみんなに知ってもらいたいかをもう一度丁寧に考える必要がある。問題意識を持って力を貸してほしいなら、**要は、これからお付き合いをしてもらわなきゃという前提で話す**んですね。

異性でも同性でもいいですけど、仲良くなりたいな、お付き合いしたいなと思う人に対して、自分が思っていることを一方的に喋り続けるやつなんてNGじゃないですか。面倒臭いなみたいな。相手が自分と付き合ってくれるわけないですよね。だから、本気で丁寧に口説かなきゃダメ、ということです。

共通の体験として理解されやすい話題として、僕は街頭で話す時なんかは例えば消費税の話をしています。ほぼ全員が負担しているので、ピンときやすい。

3%増税した分を全額社会保障に使うと言っていたのに、社会保障の充実に使われたのはたった16%だけだったんですよという話をしたりすると、反応がいい。

もうひとつ、ここ数年でわかってきたのは**「批判めいた言葉」が続くと、聞いている方は辛《つら》い**ということです。野党議員は権力の監視をするわけだから当然国会で権力を追及しますが、テレビを見ている人たちからすると、野党議員が暴言を吐いているだけに見える。自分が責められているような気持ちになる。それはなぜかというと、普段一人一人が職場などいろんなところでハラスメントに近い状態に置かれていて批判されることが多いからだと思います。そういう怒声や人を詰めている姿を見たくない聞きたくない。これは自分自身への戒《いまし》めでもあります。

あと、一人で活動するのもいいと思うんですが、やっぱり世の中は一人じゃ変えられない。実際に人が増えていくと、交渉できるようになります。

例えば一人や二人、三人で自分の住んでいる地域の国会議員事務所に何か訴えをしても、「なんかクレームを言いに来た人がいた」という話で終わってしまう。

でもこれが10人になったら？　20人になったら？　100人になったら？

議員にとってはプレッシャーが全然違います。議員を動かす時にどうすればいいか。もちろん気持ちで動いてくださる議員もいますが、それは少数派です。多くはなんだと言ったら、票か金じゃないと動かないということです。**「これくらいの人数があなたの選挙区に住んでいて、あなたが頑張ってくれるんだったら私たちは応援者になる用意がある」**ということを**どう可視化して行けるか**が勝負ですね。企業の組織票に負けないくらいの市民の票が緩やかな繋がりであなたを支えている、ということが可視化できる方法をみんなで考えなければなりません。

Q2　デモって意味あるの？

デモで社会が変わると思いますか？　デモという手段は有効ですか？

A　私はデモから生まれた政治家だと思います（笑）。2011年4月10日、高円寺での「原発やめろデモ!!!!!」に参加していなかったら議員になっていないかもしれない。運動から生まれる政治家もいるわけですよね。そう考えたら、なんの意味があるんだどころか、私なんて自分の人生、いったん横に置いてこっちの道に進んだわけだから、デモが与える影響というのは十二分にあると思います。

原発事故のあと、世界で自分一人ぽっちだなって感じてたんですよね。だけどデモに行ったら何万人という人たちが「おかしい」と声を上げていた。すごく心強くて、勇気を貰えました。参加した一人として勇気を貰って、そこから政治家にまで行ったというよくわからない形です（笑）。だから**デモが意味あるかないかと言ったら、あるだろうなと。世の中を変えるというか、少なくとも僕の人生は狂わせた**（笑）。

Q3　家族がネトウヨ問題

兄がネット右翼になってしまいました。どうすればいいでしょう？

A　方法は二つあると思います。

一つは放置する。重篤《じゅうとく》だったら、救えない可能性も高い。自分で洗脳が解けるところまでいってもらうしかない。

もう一つは、少なくとも、お兄さんは世の中を良くしたいと思っている可能性はあるわけで、そこに訴えかける。正義感に燃えているけれども、手にした情報がネット右翼寄りだったためにそういう形になったという可能性もあるわけだから。その場合には、じゃあ真の保守、真の愛国者とはなんだ、と問うのもいいかもしれません。

真の愛国者だった場合、こういうものに対してはどうリアクションすべきだと思うか、と。例えばTPPについて、自民党は２０１２年の選挙前には反対していました。その時は「日本の主権が奪われる」と言っていたのに、どうして今は賛成しているのか。これが真の保守と言えるのか。そういうことを突きつけていくといいかもしれません。

Q4　憲法9条どう?

山本太郎さんの憲法観を教えてください。例えば9条を変えるメリットとデメリットについてどのようなお考えをお持ちですか?

A　まずは憲法の基本についてお話しします。憲法というのは、ご存知の通りこの国の最高法規です。皆さんに守って頂くのは法律です。なぜ法律が必要かと言ったら、みんなが好き勝手やったらむちゃくちゃになるという話ですよね。だから国が縛らせてもらいますねという話です。

その法律より上にあるのが憲法です。法律は人々を縛り、**憲法は何を縛るのかと言ったら、権力を縛るんだという話です。**

憲法を守らなくちゃいけないのは、天皇、摂政、国務大臣、国会議員、裁判官、公務員。これらの人々が憲法を尊重し、擁護する義務を負うと憲法99条に書いてあります。

まず言わなきゃいけないのは、憲法を尊重し守る義務を負うのに、権力を縛る憲法を変えたいと言っているのが権力側だということです。

権力が「自分を縛るものを変えたい、緩《ゆる》めたい」と言い出すのって、盗人が「窃盗罪を軽くしたい」と言い出すのとそんなに変わらないよね、だからどう変えたいのか、内容をちゃんと見ないといけないよね、ということです。

私自身は、憲法は一字一句変えちゃいけないという立場ではありません。変えなきゃいけない時は変えなきゃいけないだろうと。だけどそれには前提があって、この国に生きるほとんどすべての人たちが、「憲法とは何か」ということを深く理解した上で議論されなくてはいけないと思っています。憲法を変えたい側が示したスケジュール通りにとんとんいくような話ではないんです。

98条には、憲法は最高法規であり、これに反する法律・命令は効力を有しないと書かれています。憲法違反の法律は認めないということですが、ここで2015年に作られた安保法を考えたいと思います。まず言いたいのは、**安保法は、憲法改正が行われたあとじゃないと作れない法律**だったということです。

憲法9条を変えたらどうなるか。「普通の国」になる。要は個別的自衛権も集団的自衛権もフルスペックで許されるという形になる。「普通の国になる」ならいいじゃないか、という方もいらっしゃるでしょうが、普通の国であればたとえ同盟国が戦争を始めても、必要であれば参加しませんという判断ができる。一方で日本は米国が始める戦争に反対の意思は示せない国なので、自動的に賛成になります。政治判断が普通の国とは違い、宗主国様の意思通りに動く状態なので、この部分のルールを普通の国と同じにしてしまえば毎回お付き合いすることになります。歯止めとしての憲法が重要になるわけです。

私自身は、9条は将来的には変えなきゃならないだろうなと思っています。なぜかというと、安保法のような形で解釈詐欺が行われて無理やり変えられるということが起きるからです。やっぱり将来的には自衛隊は実力部隊であるということを書かなきゃならない。専守防衛の範囲でしか動かない、日本の領海、領空、領土を守るということ以外では動かないということを、国防という部分においては書かなきゃいけないだろうと思っています。それは、安倍さんみたいな詐欺的行為を前もって防ぐためにという意味です。

9条を変えるメリットにはそういう部分があると思います。けれども今、安倍さんがやりたい9条の変更というのは違う。

9条に今までどんなメリットがあったか。それは、アメリカの世界戦略に対して「ごめん、うちはそれやってないんですわ」と言えたことです。「行きたい気持ちはあるけれど、自衛隊を二軍みたいに出すことは許されていないんです、申し訳ないですが今回はお金だけで」と。派遣したとしてもディープな仕事からは逃げて来られた。

だけど、安倍さんが進める改憲が果たされると、それができなくなります。アメリカの世界戦略に対して日本は積極的にお手伝いをするということが加速すると思います。

メリットデメリットをまとめると、9条の変え方によっては、この先、2015年の安保法みたいな、憲法さえも無視したような法律が作られることを未然に防ぐための9条の改正の仕方はあると思います。自衛隊は、災害救助以外では自分たちの領土外には出さないと。こういう変更ができるんだったらメリット。

9条を変えるデメリットは、安倍さん的な改憲になってしまうと、他の国々と同じように集団的自衛権もフルでできるようになってしまう。となると、アメリカが行う世界戦略には日本もお供いたしますとなってしまう。イラク戦争を速攻で支持したようなことが、全行程において自衛隊を伴う動きになっていくということです。

Q5　エネルギー、安全保障について

太郎さんの考えるエネルギー政策と安全保障政策を教えてください。

A　安全保障政策から話しますが、まずやらなきゃいけないことは外交だということです。原始人じ

ゃないんだから、石を投げたり殴りかかったりということが前提ではない。

独立国同士のやりとりなんだから、まずは**外交を中心にするのが常識**。そのために政治がある。

でも、万が一の場合に備えて国防は考えなきゃいけない。今からまったくの丸腰になるということは現実的ではありませんね。ただ、軍備をこれ以上増やしたりということに関しては、周辺国に対して圧力になったり、軍拡の競争になったりしてしまうこともある。だから基本的には当然、平和外交ということが基礎にないといけない。

日本の周辺国に対して、「あいつら気にいらん」「やっちまえ」とかいう人がいますが、現実を見なきゃいけませんよという話をします。

日本の輸出先【図1】。2位が中国、3位が韓国です。両国に占める輸出の割合は全体の26・6%、これは1位の米国を抜く割合で、金額にすると20兆円を超えます。両国との輸出入を合わせると【図2】42兆4770億円。お互いにとって必要な存在であることがわかります。二国間で解決できない問題があるなら、国際社会との連帯によって話し合う以外ありません。でないと数十兆円分の国益を損ないますから。国内問題から目をそらすための仮想敵の利用は権力者にとって便利なものであることは、日本を含むご近所さんも同じでしょうが、外交の基本姿勢は、ご近所さんであり超お得意様という現実を踏まえた、リスペクトある関係性を外交で築く。これが安全保障の第一です。

第二に、そうは言っても万が一に備えて国防を考えなければいけない。国民の生命、財産を守るために専守防衛ということは続ける。

この安全保障を牽引するのが誰かといったら、僕は自衛隊だと思っています。例えば災害救助、災害対応のスペシャリストとして、世界中の災害が起きた国に対して率先して協力する。一番に救出に向かって、自衛隊のスキルを惜しみなく発揮して災害対応にあたる。

それによってどうなるか。どこかの国が不穏な動きをして、日本側に圧力をかけたり攻撃しようとしても、自衛隊にお世話になった国々は日本側についてくれる。そういった国際貢献をどんどんやる。自衛隊の海外派遣のあり方を変える。

アメリカの世界戦略の二軍として自衛隊を派遣するのは一切やめて、**災害支援に限って積極的に海外に出す**。そうやっていくことが、自然と安全保障にもつながっていくと思うんです。

また、安全保障を語るのであれば、当然、**食料安全保障**というものも語らなくちゃいけない。人間が生きる上で、空気、水、食料は絶対に必要です。

日本の自給率は圧倒的に低く、もう4割を切って38%です。カナダは264%、オーストラリアは223%、アメリカが130%。「国土の広さが違うだろ」と言う人もいるかもしれないので、もう少し小さい国土で見ても、フランスで127%、ドイツで95%。同じ島国のイギリスでも63%。輸入に頼っている国を潰そうと思ったら、ミサイルも鉄砲もいらない。兵糧《ひょうろう》攻めにしてしまえば倒れるわけだから、相手は食料を人質にいろいろな交渉を進められるということですね。

なぜ、こんなに自給率が低いのかと言うと、農業じゃ食べていけない、儲からないという部

【図1】日本の輸出相手国ランキング（2017年）

日本 →

順位	国	金額
1位	アメリカ（19.3%）	15兆1135億円
2位	中国（19%）	14兆8897億円
3位	韓国（7.6%）	5兆9752億円

【図2】日本の貿易相手国ランキング（輸出入総額2017年）

日本 ⇄

順位	国	金額
1位	中国（21.7%）	33兆3490億円
2位	アメリカ（15.1%）	23兆2037億円
3位	韓国（5.9%）	9兆1280億円

出典：財務省貿易統計　最近の輸出入動向

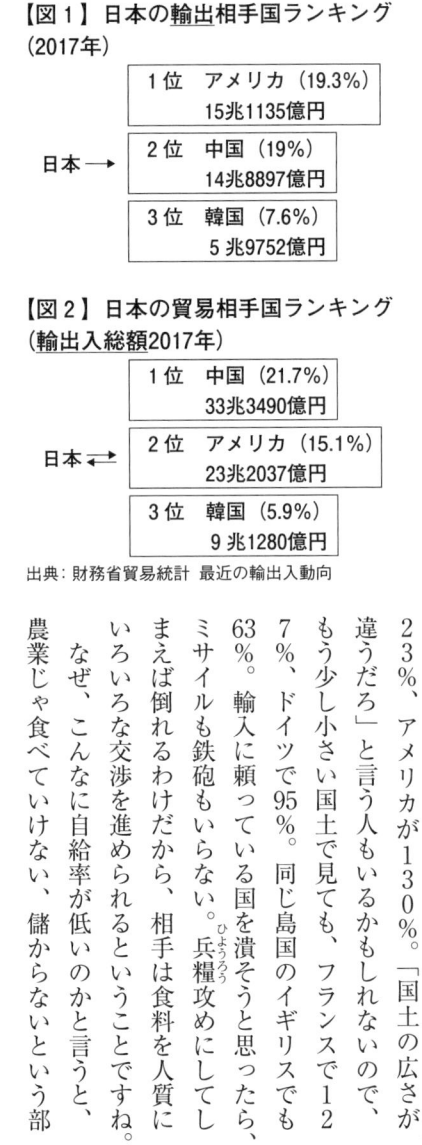

分もある。だから僕は、自給率を上げるには、**生産者に対して手厚い保障**をするしかないと思っています。作ったものは国が全部買い取りますとか、子育てなんかにしても、生産者がもっとも優遇が受けられる形にする。国土の保全ということを考えても、常に土地に手を入れ続けているのは非常に望ましい話です。

アメリカでは、国が農業にどんどんお金を入れています。農家が作ったものを国が買い取って低所得者に配るという政策もやっている。

WTOルールって貿易の決まりがあって、自国産業に対して補助金を大量に入れたりすれば、他国の同産業は貿易で対等に戦えない、だからそうならないようにしましょうってルールで、農家に対する国の直接支払の割合、つまりは農家の儲けのうち国のお金がどれくらい入っているか、などが発表されています。この数字を見ると、表向き、日本は47％、米国22％なんですけど、公式発表以外の数字も入れて計算すると、日本は農家に対する国の直接支払いは47％ですが、アメリカでは147％です。

圧倒的に支援をしているから、自給率が高い。生産者になれば将来の不安がないという施策を打つしかないんです。不作だったとしても国が保障するとか、全部買い取るとか。そんなのずるい、という人もいるかもしれないけど、食料を守れないということは、国を守れないことと一緒です。安全保障という時に、他国との関係や軍備ばかりに目がいきがちだけど、食料の安全保障がかなり重要だということです。

もうひとつ、エネルギー政策。**エネルギー安全保障**というのも当然あります。

2018年10月、九州電力は、一部の太陽光発電を止めるという措置に踏み切りました。原発が4基再稼働してるから、電気が余ったという話です。

だったら原発いらんやん、という話になるんですけど、再生可能エネルギーじゃなくて、固定電源の運転を最優先させるという国の考えのもと、燃料費が一円もかからない太陽光で作られた電気を全部捨てることになった。

これではっきりしたことは、原発を動かすということは、他の電力の供給を阻《はば》むということです。原発を先に動かしていたばかりに、再生可能エネルギーが大量に生まれても使えないという話なんですよ。現在（２０１８年10月）稼働中の九電の原発４基のうち、１基を停止していれば電力過剰となる事態は防げた。せっかくできた太陽光の電力を捨てて、燃料費のかかる原発の電力を優先するのは経済的にはまったくおかしいんです。これは国の「優先給電ルール」というものがあるからです。とにかく原発からの電気が最優先、というルール。

２０１８年の夏は暑かったし、太陽光は夏に一番電気を作るものだからこういう状態になったということだけど、原発に関しては、安全保障という観点からも両立できないと思います。いつ大地震がくるかわからないという状態で、地震への備えが完璧かどうかの答え合わせは大地震のあとにしかできない。

代わりに何があるんだと言ったら**天然ガス**です。天然ガスは、今、もう電源構成の５割に迫っています。アジア圏内からも調達できるし、価格もどんどん安くなっています。効率のいい天然ガスを使っていきながら乗り越えていくしかない。それと同時進行で**自然エネルギー**と言われるものでやっていく。

そうなると、原発の立地自治体はどうなるんだという話になりますが、石炭をやめた時にも炭鉱がある町に対しては、補助金や交付金が払われてきた過去があります。

そうは言ってもそういうところは荒廃しているじゃないかという意見もあるでしょう。地域にお金が流れるというよりも、企業の赤字の穴埋めにお金が使われたとも言われます。補助金や交付金を出し、そのお金が地元の方々に使われるような仕組み作りが必要です。原発はもともと過疎地に建てられたので新しい産業は難しい面もあると思います。国が本気でそれら地域にどのような産業がマッチするかを考える必要があります。

廃炉が完了するまでの30年くらいの期間には、廃炉という産業があります。それに加えて、これは話し合いが必要ですが、例えば発電で生まれた核廃棄物に対して、もし立地自治体で受け入れてもらえるなら、管理という産業も生まれる。受け入れに関しての補助金もあると思います。

私自身は、発電によって利益を受けた電力消費地が核のゴミを受け入れて、多くの人々の監視のもとに安全に管理するべきという考えですが。そこに関しての議論を深める作業が必要ですね。

数年前、ドイツの核のゴミ捨て場の取材に行きましたが、原発をやめることを決めたドイツでは、原発があったところが、廃炉作業専門のプロフェッショナルが集まる基地になっていました。廃炉専門の会社もできていて、そこでは原発だけでなく、原子力潜水艦の解体もできる。そういうようなこともひとつの産業になりうると思います。途上国はまだこれから原発を建てたいところもあるだろうけど、全体的には原発は斜陽だから、廃炉の技術というところも食い扶持《ぶち》になるだろうと思います。

Q6　総理までの道、教えて

山本太郎が総理大臣になるまでのロードマップを教えてください。そのために自分たちにできることも教えてください。

A　まず、あなたはお金持ちですか（笑）？

たとえば私が自分一人で新しい政治団体を立ち上げて次の選挙を戦いますという時に、最低でも3億円は必要です。お金持ちでないならその３億円を頭数で割った人数に負担してもらう。例えば１万円を３万人でとか、１０００円で30万人とか、５００円、ワンコインで60万人。プラス、票が必要になります。とにかく票を集められなければ、総理どころか東京選挙区でも勝てない。

東京選挙区で勝とうと思ったら、最低60万票は必要で、全国比例でザックリ言うと、私一人通すのに１００万票くらい必要になります。１３０万票くらいあれば政党として認められ、たった一人の政党でもＴＶの党首討論にも出られます（笑）。

これが総理大臣クラスになっていくと、投票率60％と仮定して、３０００万票必要になります。政党で、議席数で数えた場合ですね。

それくらいあれば、私は確実に総理大臣になれるでしょう。でもその前に、東京選挙区で60万票以上貰わなければ、私は普通のおじさんに戻ってしまいます（笑）。だから一人でも多く、ふんわりでもいいから、「いいね」と思ってもらえるような周囲への口コミをお願いします（笑）。まずそれが第一歩ですね。

Q7　法人税上げて大丈夫？

法人税を上げるべきと主張されていますが、そうすると企業が海外に出て行くじゃないかという話があります。どう思いますか。

A　経済産業省が２０１４年に調べた「海外事業活動基本調査」によると、「どうして海外進出するのか」という問いに対して一番多い答えが「現地での製品需要が旺盛。または今後の需要が見込まれる」で67・5％でした。

トップの理由は、要は需要なんですよ。みんな物を買ってくれるということで海外に出ている。じゃあ法人税に関してはどうなのかと言ったら、「税制、融資等の優遇措置がある」という理由は第8位で8・7%。日本を出る理由として、税金が高いと言っている人たちは少ないと思います。要は自分たちが作った商品を買ってくれるか、需要があるかが一番重要だということです。

これらは2014年の調査での答えですから、2014年の税率にはすぐにでも戻せるという指標にもなります（笑）。

Q8 緊急事態条項ってヤバいの？

緊急事態条項がヤバいと言われていますが、どうヤバいのでしょうか？

A 憲法改正の本丸が緊急事態条項です。簡単に説明すると、何かが起こった際に、総理が「今から緊急事態です」と言えば、いつでも緊急事態になり、好き放題できちゃう。一番ヤバいのが、法律と同じ力を持つルール作りをお仲間だけで、政令として出せる。つまり、**国会通さず法律作り放題**、ってこと。

立法機関の国会が、形だけの存在になる。

これでピンとこない人には、三権分立を思い出して欲しいんです。司法、立法、行政。これら権力を三つに分ける理由は、これらが一つになると独裁になる恐れがあるからですよね？

「緊急事態条項」とは、自民党が2012年に作った改憲草案の中で新設されたもの。

草案の第98条では「武力攻撃、内乱等による社会秩序の混乱、地震等による大規模な自然災害その他の法律で定める緊急事態において、特に必要があると認めるときは、法律の定めるところにより、閣議にかけて、緊急事態の宣言を発令することができる」となっています。

この条文の「内乱等」「地震等」の「等」が肝。「等」が入ることによって、緊急事態宣言の要件がどこまでも広がる。

他にも、国会の承認が緊急事態宣言の前でも後でもよいということ。言い訳としては、緊急事態の前に国会承認が得られるはずがないと。しかも100日ごとに延長できる。国会の承認が必要ですが、与党が過半数の状態であれば、いつまでも延長できる。下手したら、一生緊急事態を続けることができる。

他にも総理大臣は財政上、必要な支出も行える。これも普通は国会を通さないといけないのに、できるようになる。

この二つをもって、国会が形骸化する。内閣で閣議決定された政令が事実上の法律になり、財政上の支出も自由。権限のすべてを内閣が握る状態になってしまう。

99条の3項には、緊急事態宣言が発せられた場合、「何人《なんぴと》も、法律の定めるところにより、当該宣言に係る事態において国民の生命、身体及び財産を守るために行われる措置に関して発せられる国その他公の機関の指示に従わなければならない」とあります。すべての人を命令に従わせることができる。国が言ったこと、公の機関が言ったことには、絶対従わなければならないということです。この状態で基本的人権を尊重することは無理です。

99条4項では、**緊急事態宣言が発令されている間は、衆議院が解散されない**ことが明記されています。要はいつまでも議員でいられるということです。**半永久的に政権を維持できる可能性が生まれます**。100日ごとに国会の承認が必要だけど、これも与党が過半数持っていれば事実上、いつまでも延長が可能。こう言ったならず者が登場することを憲法は予見しています。参議院選挙は全体の半分が3年ごとに選挙するって形です。要は、衆議院が解散して空っぽでも、参議院の半分が残ってるから、緊急時はそこを機能させる制度になってる。それでも変える必要があるって輩《やから》は、憲法読んでないか、半永久的議員特権を手に入れたいかですよね。

これらの内容に批判が強まってか、２０１８年3月に改めて、緊急事態条項も含めた改憲の方向性が示されました。「法律と同等の効力をもつ政令を……」に批判が集まったことを反省して、新しく出されたものは、「国会による法律の制定を待ついとまがないと認める特別の事情があるときは内閣は法律で定めるところにより（中略）政令を制定できる」と変わった。書きぶりはマシになったかに感じますが、狡猾《こうかつ》です。先々、この緊急事態条項に対応した法律を作る段階で国会は政令に制限を加えられるし、国会でも何重にもご議論いただける建てつけになっております、って言い訳で逃げ切るのでしょうが、結果は同じ。だって先方の獲得目標が変わっていないのですから。

内乱等、としていたものを、「災害」とシンプルに表現。「災害」には全部含まれる形にした。名前はシャンプーだけど、リンスも毛染めも、育毛剤も入ってるみたいな勢い。他にも、前は１００日ごとの国会承認が必要とか一応、期間の定めがあったものが、全部取っ払われた（笑）。ロクでもないものが、もっとロクでもないものになった。

先ほど、一番ヤバいのは、**内閣は法律と同一の効力を持つ政令を作れる**ことと言いました。その政令は何で作られるかと言うと、**内閣での閣議決定**です。

ではこれまで、安倍政権はどんな閣議決定をしてきたのでしょうか。

２０１５年6月2日には、「安倍首相はポツダム宣言を当然読んでいる」ということが閣議決定されました（笑）。

２０１６年2月19日には「島尻沖縄北方大臣が「歯舞《はぼまい》」の読み方を知らないという事実はない」と閣議決定（笑）。

２０１７年3月28日には「「森友学園」問題を巡り、財務省・国交省・文科省に対する政治家からの不当な働きかけは「一切なかった」」と閣議決定（笑）。

また、２０１７年3月14日には「安倍首相の妻・昭恵氏は公人でなく私人」と閣議決定されました（笑）。

こんなにカジュアルに閣議決定しやがる奴らが、法律と同じ効力を持つ政令を閣議決定によって作れるということは、もうメチャクチャになるということです。もちろんご紹介したのは、質問主意書に対する答弁を閣議決定したものですが、ゴシップ誌の見出しレベルの内容を事実として発表できるなど悪夢です。**緊急事態条項を簡単に言うと、三権分立をぶっ壊す、地方自治をぶっ壊す。人権の保障まで停止する。国会を形骸化する。権力者にとって、絶対に手に入れたい魔法の杖ということです。**

この緊急事態条項を新設することには、全国33の弁護士会が反対しています。その中には、阪神淡路大震災、東日本大震災、新潟中越地震、熊本地震を経験した被災県も含まれています。要は、**災害を利用して緊急事態条項が必要などと言うな**、と釘《くぎ》を刺しているわけです。

福島県の弁護士会は、復興に必要なのは政府への権力集中ではなく、**既存の法制度を最大限活用する**ことではないかと述べています。法律は既にあるから、最大限使えばいいという話です。

兵庫県の弁護士会も、「災害対策を理由にした緊急事態条項は不要」。京都府弁護士会は、「権力分立、立憲主義といった憲法の基本原理を破壊する大きな危険がある」。また、日弁連が東日本大震災で被災した岩手、宮城、福島の37市町村に対して実施したアンケートでは、ほぼすべての自治体が「災害対応で憲法が障害になった事例はない」と回答しています。緊急時には、それぞれの危険を想定した法律がすでにあります。普段は防衛大臣、警察庁長官、地方自治体の知事にある権限が、すべて内閣総理大臣に集中するよう法律化されています。自然災害の場合はこのような法律があるから大丈夫なんです。

例えば、テロが起きたとしても**テロ対策基本法がある**。その中に国民保護法もあるし、事態対処法もある。

今、本当に必要なのは**緊急事態条項を憲法に入れることではなく、有事を想定した準備がちゃんとされているかを考えること。これは災害対策の原則です。**

【図3】
2012年12月8日放送 NHK スペシャル「シリーズ東日本大震災 救えなかった命～双葉病院50人の死～」を元に作成

これまでを振り返ると、2011年の東日本大震災では、指定避難所や避難所に指定された場所の40カ所が津波で浸水しました。どんな強力な権力をもってしても、想定していない、準備していないことには対処できないという話ですね。

双葉病院のことを思い出してください**【図3】**。原発から4・5キロにあった双葉病院と、系列の老人保健施設には寝たきりの高齢者が180人いました。原発事故が起こった時、20キロ圏内なので避難手順も行き先もないまま受け入れ先もなく、ずっと移動し続けて、230キロ以上搬送させられた。避難先は医療施設ではなく、機材も薬もない場所。結果、高齢者50名が死亡しました。亡くなられた方も、なんとかしたいと頑張った職員の方も気の毒です。

そんな事故の教訓をこの国はまったく生かしていません。鹿児島県川内《せんだい》原発の避難計画では、10～30キロ圏内の医療機関や社会福祉施設２２７施設の避難計画がまったくないと言っていい。受け入れ先をひとつひとつ電話で確認するそうですが、電源確保も難しい、電波状態も良くない混乱した状況でそのようなことが可能なのか？

愛媛県伊方原発は岬の入り口あたりに建っていて【図４】、岬の先端に向かって約５０００人が暮らしています。

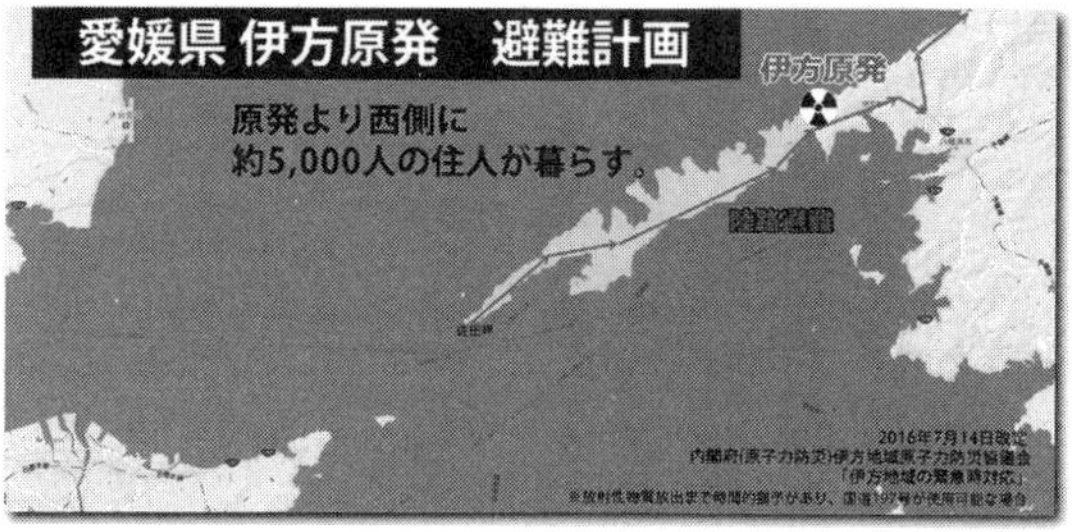

【図４】
大量の放射性物質がバラまかれる可能性がある中、
事故原発の前を通過して逃げる？
2016年７月14日改定　内閣府（原子力防災）伊方地域原子力防災協議会「伊方地域の緊急時対応」
＊放射性物質放出まで時間的猶予があり、国道197号が使用可能な場合

ここの避難計画では、事故が起きた場合、その原発の前を通って避難することになっています。ボッカンボッカン爆発している原発の前を通ることは現実的なのか。２０１１年の福島第一原発事故のあと、周辺の線量は毎時１５９０マイクロシーベルトでした。自然環境放射線は２０１１年の原発事故前の日本の平均で毎時０・０４マイクロシーベルトなので、３万９７５０倍です。そんな状況の中を、道路が寸断されていたり大渋滞の中、通れという避難計画なんです。

２０１５年の安保特別委員会で、僕は田中俊一原子力規制委員長に、「原発への弾道ミサイル着弾の影響」について質問しました。答えは「想定していません」でした。

今必要なのは、緊急事態条項ではなく、準備されていないことを準備していくことです。

ここで、今の政権が、緊急時に何をしてきたかも振り返りましょう。

例えば２０１４年８月20日、豪雨により広島県で土砂災害が起きました。午前６時半、安倍首相は山梨県の別荘にて、関係省庁に被災者の救命救済に全力で取り組むように指示。そして午前８時からは河口湖のゴルフ場でゴルフをスタートし、１時間楽しまれました（笑）。

軍事的緊張も見ていきましょう。２０１７年３月、米韓合同軍事演習が行われ、北朝鮮がスカッドミサイルを発射。４月５日には北朝鮮が日本海に向けて弾道ミサイルを発射し、アメリカは朝鮮半島近海への空母の派遣を発表。アメリカと北朝鮮の緊張が極度に高まったことがありました。しかも４月15日は故・金日成主席の生誕１０５年の「太陽節」式典。その前後にも核実験やミサイル発射があるのでは、という憶測も流れました。その緊張の中、安倍首相が総理主催で実施したのは「桜を見る会」です（笑）。その翌日、北朝鮮はミサイルを発射しました。

この「桜を見る会」、民主党政権の２０１２年３月には、同様のケースで中止されています。危機管理のあり方がまったく違うんです。

その他にも、２０１６年６月15日午前３時頃、中国海軍の軍艦が日本領海内を航行しました。同日、首相、官房長官はどうしたか？　安倍首相は午前中、成田から青森、秋田の選挙応援へ（笑）。菅官房長官は朝から宮崎に選挙応援へ行きました（笑）。

そして２０１８年夏に起こった西日本豪雨。

気象庁が異例の記者会見を開き、「記録的豪雨となる見込み」と注意喚起を呼びかけ、消防庁が「避難勧告の対象人数、16万８７１３人」とプレスリリースで公表。とんでもないことになると警鐘を鳴らしていたにもかかわらず、人命救助の鉄則72時間、このうちの60時間以上をダラダラと飲み会など能天気に過ごしていたのが現政権です。

ここからわかるのは、権力をひとつに集中させた時、その権力がマヌケ、ポンコツだと二次被害、三次被害が起きてしまうということです。だとしたら、緊急事態条項なんかいらない。しかもそれを欲しがっている者たちの過去の行動を見れば、とても任せられないという話です。

Q9 介護労働者について

介護労働者の処遇改善について、何かいい案はありますか?

A 高齢者介護にしても障害者介助や保育にしても、どれを取っても大切な仕事です。しかし、これからどんどん高齢者が増えていくにもかかわらず、そこで働く人が厳しい状況に置かれている。要は現場の善意に頼っている状態。資格を持っている潜在的な介護士や保育士はいるけれど、全産業平均で年収で100万円以上低い給料だと生活できないということで、その仕事についていない人も多い。

絶対的に必要な仕事に関しては、私は**公務員化するべき**だと思っています。これまで国がケチってきた分野はすべて成長産業になり得るので、国が大胆に投資していくことで企業側にも参加を呼びかけていく。国が本気になって少子化を克服する気で、保育ビジネスにも高齢者介護ビジネスにも障害者介助ビジネスにも乗り出すということになれば、当然そこにチャンスが生まれる。企業も銀行から借金したり内部留保を崩したりしながら参加してくると思います。

一般の人たちから遠い、わけのわからない分野で「イノベーション」とか言ってるのも結構ですが、もっと身近なところ、**国がケチってきた分野に伸びしろがあり**、**成長分野がたくさんある**と思います。

公務員化ということで言えば、日本は先進国の中で非常に公務員が少ない国です。

人口1万人あたりの公務員数で言うと、日本は261人。ドイツは560人。アメリカは597人。イギリスは820人。フランスは837人です。いずれの国も日本の2～3倍の公務員を抱えています。これは住民サービスや雇用という部分を考えても、経済に寄与する消費という部分に関しても、絶対に必要な話です。「公務員ばかりいい思いをして」という話になっていますが、官製ワーキングプアの話もあります。要は、本雇いをどんどん減らして安い労働力を増やしている。国家公務員にもみられますが、圧倒的に官製ワーキングプアが多いのは地方公務員です。

総務省の地方公務員に関するデータによると、臨時・非常勤の地方公務員は全国に64万3100人。5人に1人が臨時・非常勤という状況です。

給料でみれば、小中学校に勤務する非常勤講師は、正規職員の4～5割、臨時教員は3分の1程度。非常勤保育士の年収はいずれも200万円前後。非常勤一般事務職員は、休みなくフルに働いても年収は正規公務員の3分の1から4分の1しか稼げない。

介護、介助、保育の分野で働く人々の処遇を大改善して、安定させていくことが絶対に必要だと思います。

Q10　外国人労働者受け入れについて

2018年12月、入管法改正案が成立しましたが、外国人労働者受け入れ拡大について、どう思いますか?

A　まず、本当に人手不足なのか。逆に言えば、今、安い賃金の産業、業種で真っ当な賃金が払われたら、その分野にも人は来るんじゃないかと思います。その業種で賃金を上げるのが本当に厳しいなら、国からの支援が必要です。ただ安い労働力を入れて人件費を削るためならば、話がうますぎるだろうと。奴隷労働を調達しようという根性が汚い。図々しすぎる。

低い賃金の労働力が入ってくれれば、もともとこの国で生きる人々の賃金も低い方に合わされる可能性が高い。正規、非正規同一賃金と言いながら、非正規が正規の賃金に近づくのではなく、正規が非正規に近づくような地盤沈下が進んできたことがその証拠です。それがさらに進むおそれがある。

外国人労働者を受け入れると、非熟練労働者の賃金にマイナスの影響が出るのか？　この問題については、イギリスで保守党の右派の大物政治家であるボリス・ジョンソン氏が、2015年に出たイングランド銀行の「外国人労働者が10％増えると、平均賃金が2％減少する」という報告書の内容をテレビで紹介したことがあります。外国人労働者を受け入れてきたイギリスのような国でも議論の的になりました。

事実上の移民政策により、国内の労働者が海外のより賃金の安い労働力に置き換えられる事態が発生すれば、悲劇です。日本と海外からの労働者がいがみ合うような環境を作り出す可能性をわざわざ生み出すようなもの。景気が悪くなれば外国人労働者も簡単に切り捨てられるでしょうから、日本という国の人権意識のなさを世界に大々的に宣伝する機会となります。そんなことになれば、誰得？　という話ですが。安い労働力でコストカットし、もっと利益を増やしたいという者たちの法律です。

このように、**入管法の改正は問題しかありません**。受け入れ人数の上限、どの業種にまで拡大するか、どれくらいの日本語の理解や専門的知識を受け入れの基準とするか、帯同する家族への教育や社会保障についてなどはすべて先送り、法律成立後に決めますと。

中身のない法律をただ通し、決まっているのは外国人労働者の受け入れ拡大と延長を実行することだけを決めた法律です。

実習生や、これから入ってくる外国人にしても、この国には、受け入れる資格がないと思います。だって、受け入れ態勢ができていないのだから。

百歩譲《ゆず》って、労働力が足りないので外国人労働者を入れるのであれば、やらなければならないことが三つある。

一つめは、日本人の労働環境に関して、しっかり権利が守られる状態にすること。

二つめ、外国人もそれに準じて、同じように権利が守られるようにすること。

三つめ、なぜ労働力不足になっているのか、その根本の問題をしっかり総括すること。

要は少子化と賃金不足だからですよね。経済政策のところでも話しましたが、僕も含まれるロスジェネが結婚、出産適齢期だった90〜00年代に第三次ベビーブームが来るようなことを国がやっておくべきだったのにみすみす放置した。もしベビーブームが来ていれば、その時の子どもたちの上の世代はもう20歳を超えているはず。そういうことを考えると、ここまでの人手不足になっていたのかと。全体を通しても人口政策を国がどう捉えていたのか。そこがすっぽり抜け落ちている。

これは明らかに政治の失策であって、その尻拭いをまったくせずに少子化が問題だと声高に言って外国人労働力が必要だと言っている。そのこと自体がおかしいと思います。

国としての責務を放棄し見捨てられた世代、ロスジェネに対して、**真っ当な賃金で働ける安定した環境をつくることが、人手不足を解消する方法の一つ**とも考えます。

Q11　質問作りについて

国会での質問内容がいつも素晴らしいですが、どうやって作ってるんですか。

A　質問作りには一番力を入れていますが、最初の頃は切り貼りで、糊とハサミとセロテープとか使いながら工作してました（笑）。

それまでの生活では、iPadは使ってましたがパソコンなんか使ってなかった。パソコンで質問を作るという概念もなくて、コピーペーストとかもわからず、叩き台を印刷して、その紙を切って順番を入れ替えたりとかしながら原稿を作ってたんです。ほんとに工作（笑）。でも、それだけで疲れちゃって（笑）。質問作りというか、工作に疲れて嫌になる。すっごい時間かかるので。それでパソコンを買いに行った、というところから始まりました（笑）。

パソコンで作り始めて慣れてきたら、こんなに時間が短く済むのか、すごいなぁって（笑）。

今は、テーマごとに専門家にインタビューしたりレクチャーしてもらったりして、だいたいポイントになるところを教えてもらいながら、じゃあこう組み立てよう、今の話だったらこういう質問をしてこういう答えが返ってきたらこう突っ込めるなとかを考えながら形にしていきます。ある程度の形になったところで、事実関係に間違いがないかを確認したり、省庁に一部問い合わせたりもする。これがやっぱり時間がかかる。

自分の中で、質問作りにおいて決めていることは、一本の質問を見れば、何が問題かってことが初めての人でもわかるように作る、ということですね。シンプルな話であれば簡単なことですが、やっぱり難解なテーマになればなるほどどこを切り取ればいいんだろう、どういう切り口だと理解が進むだろうって悩みますね。ＴＰＰとかの時は特に悩みました。

質問作りって、本当に自分で台本を作って、自分で演じるっていう感じですね。

Q12 これからのこと

今後の展望を教えてください。

A 一応、総理になります（笑）。代わりにやってくれる人がいれば、その人を応援するというスタンスですが、どうやらいなさそうなので（笑）。

僕が目指す社会は、究極は、頑張らなくても生きていける世の中です。もう、「これトチったら俺の人生終わりだな」みたいな世の中はやめにしたいんですよね。そういう状態が続く人生は地獄ですよね。「まぁいいか」みたいな余裕がほしい。

何をもって頑張るかは個人差があるので、それを測るのは難しい。でも、頑張れない時に頑張ってもロクなことがないから、ゆっくり休んで、それを国が支えて、そろそろ力が湧いてきたという時に頑張ってもらう方が、ずっと生産性は高いですよ。だって、無理しても壊れるだけだもん。だから、**「いいよ、頑張らなくても」という世の中になればどれだけいいか**。今はあまりにも地獄すぎると思うんです。

例えば高福祉高負担という部分に関してはこの国はまだやったことがないから、将来的にはやってみたらいいのではないかとは思っています。でも今はあまりにも格差が開きすぎていて、ここからオール・フォー・オールで皆で負担を分け合うみたいなことはできるわけがないので、とにかく地盤沈下している部分の土台をしっかりと作り上げ嵩上《かさあ》げしていく。**スタートラインが皆一緒**というところまでは少なくとも持っていく。

何より今、２０４０年にロスジェネ世代、就職氷河期世代が高齢者になった時、生活保護利用者が急増して破綻《はたん》、ということが懸念されている。

それなら、それまで資産形成がしっかりできるようなサポートをする。そんなことを公明党も言い出しましたからね。でも、企業に丸投げすると名ばかり正社員とかになってしまう可能性もあるので、国が責任をもってしっかりカバーする必要がある。

高負担で高福祉を実現するためには、まだまだ時間がかかります。スタートラインを揃えるところに行くまでもおそらく時間がかかるだろうと。そのあとに高福祉高負担という道があり、みんなが将来に不安なく生きられるなら、別に今の取り分が減ってもいいと思えるかもしれない。

一番怖いのは、将来どうなるかわからないということですよね。

不安しかない国なんて住みたくないし、「だったらなんで税金取られるんだよ」という話です。

自分が一番弱い立場になった時に優しい社会であってほしいから、そういう社会を作りたい。そのためには、税金の取り方も、労働環境も、原発も、いろいろなものを変えていかないといけないですね。

第6章　木村草太氏と憲法を語る

【ここからは、「TARO PRESS」２０１７年春号に掲載された憲法学者・木村草太氏との対談を収録する。木村草太氏を前にした山本太郎の、意外な一面を存分に楽しんで頂きたい。】（対談収録日　２０１７年2月1日）

永田町 Special 対談　太郎の〝この人に会いたい〟

【山本太郎が初めて「萌えという感情を抱いた相手」という憲法学者・木村草太氏。憲法に目覚めたきっかけから、それぞれの好きな条文、また安倍政権を支持する人々のメンタリティー、そして太郎に望むことまでたっぷり語った2時間。太郎の思いが少々暑苦しい対談、ぜひお楽しみください。】

木村草太（きむら・そうた）　首都大学東京教授（憲法学）。著書に、『憲法という希望』（国谷裕子との対談、講談社現代新書）、『自衛隊と憲法——これからの改憲論議のために』（晶文社）など。

――（雨宮）この対談は、太郎さんの「木村草太さんに会いたい‼」という強い思いで無理矢理企画されました（笑）。

太郎　憧れの人と言うとおかしいですけど、いつもテレビの前で「よく言ってくれたー！」みたいな。わかりやすく憲法のことを教えてくれる方という印象で。よくオタクの方とかが「萌え」って話されていて、私、そういう感覚は自分にないと思ってたんですけど、「萌え」って感覚ってこれなのかなと（笑）。

草太　それは……ちょっと意外な反応ですね（笑）。

木村草太氏（右）の隣りで照れる太郎。

――突然このような思いをぶつけられて困惑してると思うんですが、草太さんは、山本太郎さんのことをどんなふうに見てらっしゃいましたか。

草太　えーと、大変面白い役者さんであると（笑）。立候補された時は意外でしたし、当選した時は正直申し上げてちょっとどうなんだろう、と思ったんですね。ですが、安保法案やカジノ法案もそうですが、国民の中に確実にある声を、国会の中で述べてくださる。国会の中でなかなか言いにくいことをきちんと言って下さる方だと思っています。

強いものに一泡吹かせられるのが憲法

太郎　ありがとうございます。木村先生が、幅広い学問の中で憲法に興味を持たれたきっかけはなんだったんでしょうか。

草太　憲法というのは、社会的な多数派とか圧倒的な権力者に歯止めをかけるわけです。強い者を理論の力で統制することができる。場合によっては強くて調子に乗ってる人間に一泡吹かせられる。それが非常に痛快で、そこが憲法の魅力だと思います。

太郎　面白いですね。初めて痛快だなって思ったのはいつですか。

草太　中学が、わりと抑圧的だったんですよ。学校の中で飴やガムの紙が見つかっただけで全校集会、文化祭の合唱練習をさぼると学級会で厳しい責任追及みたいな。私は、抑圧的であるからやる気をなくすのでは、例えば朝練の強制は良くないのでは、と言ったんですが。

太郎　ややこしい生徒ですね（笑）。

草太　あれこれ言っても、なんの拠《よ》り所もないと説得的ではないので、とりあえず我が国の最高法規はどうなっているんだと憲法を読んでみました。すると、とにかく自由がたくさん書いてある。「思想良心の自由」があって「信教の自由」があって「表現の自由」があって「学問の自由」があってと、くどいくらいに自由が書いてある。ここが出発点なんだというのが嬉しくなった。それが最初のきっかけですね。

太郎　朝練の強制を解決するために憲法を持ち出したんですね（笑）。

草太　そうですね、なんの解決にもなりませんでしたけどね（笑）。

太郎　最高法規をもってしても（笑）。

草太　最高法規をもってしても、覆《くつがえ》せなかった。まだ闘い方が悪かったのかなと思いましたけどね。

憲法は過去の「失敗リスト」

太郎　木村先生は中学生で憲法の大切さをわかってたわけですが、私は憲法について習った記憶がないんですね。どっちかというと多動症で、机にずっと座ってるっていうのが奇跡的な状態なんですよ。だから授業中の記憶がほぼない。

草太　それは……、国会、辛いでしょう（心配そうに）。

太郎　ずいぶん矯正されたと思います。この3年で治療が進んだ（笑）。私、憲法が大切だと思ったのは36歳を超えてからなんですね。原発事故があって、ひょっとしたら国家権力というのはその国に生きる人々さえも切り捨てうやむやにするってこともあり得るのかもしれないと感じた時に、憲法というものとうっすらと繋がった。**憲法って、わかりやすく言うとなんですか**って聞かれたら、なんて答えますか。

草太　**過去の国家権力が繰り返してきた「失敗のリスト」**ですね。

太郎　先生の本（『憲法という希望』講談社現代新書）にも書かれてましたね。これ、素晴らしい表現だと思いました。国家権力が過去にしでかしてきたリスト。

草太　なので「憲法誇ろう」って、実はちょっと間違ってるんですよね。我々の失敗が書いてあるので、誇るものではないかもしれない（笑）。

太郎　日本だけでなく、他の国でも憲法は失敗リストということになりますか？

草太　立憲主義を掲げている国は、いずれも過去に国家権力がしでかしたリスクを書き込んでいます。その国特有のリスクと、共通のリスクがあるんですが、**共通のリスクは「戦争」「人権侵害」「権力の独裁」**の三つですね。この三つはどこの国でも失敗を繰り返してきた。なので、どこの国でも軍事力のコントロールというのは憲法に入れなきゃいけないとなっています。一般的なのはシビリアンコントロールですね。軍隊を民主的にコントロールする。日本の場合は戦争による失敗が超弩級だったので、他の国よりも強力な9条（戦争放棄）という、軍事力をコントロールするものを入れたということです。

改めて、安保法制の違憲性

太郎　9条ですが、自衛隊について「違憲なんじゃないか」という声がありますが、その辺りの整合性についてお話頂けますか。

草太　意外かもしれませんが、政府の解釈は、9条を素直に読めば自衛隊は違憲、個別的自衛権も違憲という解釈を前提にしているんですね。ただ一方で、憲法には、政府は国民のこういう権利を守らなくてはいけないという条文もある。政府がよく挙げるのは**13条（幸福追求権）**で、国民の生命や自由や幸福追求の権利は最大限尊重しなくてはいけないという規定がある。日本が侵略されて、人の命が失われている時にそれを放置すると、9条は守れるけど、13条に政府が違反しちゃうという構図になるわけですね。さすがに国民を守るのはどこの国でも最低限の義務のひとつだし、それを放置するのは国民の命を大事にするという憲法の理念と反する。だから、この限りでは9条に対して13条が優先するという解釈をとって、13条の義務を果たすのにどうしても必要な範囲では武力行使をすべきだし、そのための実力は持つというのが政府の解釈、自衛隊の合憲性です。これに対しては、もちろん批判的な考えもあります。ただ、「自衛隊は違憲」と言ってしまうと、憲法改正するまでは自衛隊を解散しなくてはいけないことになります。憲法改正されるまで自衛隊は解散、とまで言っている方はなかなかいらっしゃらない。

安保法制が批判されたのがなんでかと言うと、政府は「13条で基礎づけられる範囲の中に集団的自衛権が含まれる」と言ったんですね。「我が国の存立が脅かされ、国民の生命、自由、幸福追求権が根底から覆される明白な危険がある」ってやつですが、なんであそこで「幸福追求」という言葉が出てきたのかというと、13条をそのまま引き写したので非常に不自然になっている。13条で根拠づけられているんですよ、という政府の苦心の説明のあとですね。ただ、もちろん国民の生命を守るんであれば個別的自衛権で対応すればいい話で、集団的自衛権を行使する根拠は説明がつかないということで、違憲だと言われている。

太郎　個別的自衛権と自衛隊の合憲性というものは9条と13条で説明がつくだろうと。一方で集団的自衛権、他国の戦いにアシストすることは……。

草太　9条で武力行使一般が禁じられているので、その例外を認める積極的な条文がないと武力行使はできない。これが法解釈というゲームのルールです。国民の生命を守るのは13条で言っている。しかし**外国を守れとは書いていないので、9条の例外を認める根拠にはならない。シンプルな理論**です。

25条・生存権

太郎　憲法の中で、木村先生が一番好きな条文ってなんですか?

草太　私は学者なので**23条「学問の自由」**が一番好きですね。

太郎　私は**25条**好きなんですよね。素敵じゃないですか。

草太　素敵な条文ですね。

太郎　**「健康で文化的な最低限度の生活を営む権利を有する」**んだって。でも、何をもって「文化的」というのか。例えば、月に一度くらいは映画を見に行けるとか。憲法の理念からするとどの辺りまで求めていけるのか。

草太　まずは行政機関に基準を作ってもらわなくちゃいけないということで決着はついています。単に息をしていられればいい、食べて生きているだけでいいという水準じゃなくて、芸術やスポーツを楽しんだり、あるいは政治に参加したり、宗教活動をしたり、そうした様々な文化に関われるようなところまでいかないと文化的ではないよね、という概念だと思います。ところが生活保護は13年に切り下げが行われました。あの時の自民党の公約はどうかしてたと思うんですけど、選挙公約に「生活保護費を1割下げます」って書いてあったんですね。もちろん、引き下げを正当化する根拠があればいいんですが、みんなお金持ちになったとか物価がすごく下がったとかって状況ではなかった。それなのにかなり厳しく下げられて、今、その是非が訴訟にもなっています。

太郎　捕捉率も2~3割と、他の先進国と比べるとかなり低い。権利としてあるはずなのに、この低さは25条というところからどう見ますか。

草太　政府にも国会にも、十分に捕捉する義務があるんですね。そのためには予算も必要だし運用をしっかり監視することも必要。ですが十分な予算がついてないので自治体はできるだけ捕捉したくない。なかなか政治が動かない理由のひとつには、生活保護は国民全体から見れば恩恵を受ける人が少数の政策ですから、「なんであいつらだけ」という感情になった時に多数決になると負けやすい。なので、福祉政策の研究をやっている人なんかは、もっと受益者を多くするような政策の中で救貧をやっていかないと難しいのでは、と言っています。最近、教育無償化が話題ですが、実現すれば受益者が国民全体に近い形になります。思い切って**福祉の受益者を増やしながら救貧もする**という政策をとらないと、「権利があります」だけでは実現できないかもしれない。

太郎　一部の限られた人たちだけってイメージに、「不公平」だと反発が生まれると。

草太　そこが難しいところじゃないかなと思います。

「自助自立」という言葉の意味

太郎　子どもの貧困が話題になっていますが、本来であれば予算措置や施策で、政治が解決しなければいけないのに、安倍政権は「基金を作って募金を募ります」と言っています（2015年に政府が創設した「子供の未来応援基金」）。「みんなの善意に頼ります」というのは、憲法の理念から見てどうなんですか。

草太　やってもやらなくてもいいことは民間に委ねてもいいんですが、絶対これは社会に必要だって業務は公共団体が面倒見るのが基本なので、基金でやるのはどうなのか。ちゃんと国が責任もってくださいということですね。

太郎　今の政治は「自助共助」を強調しますよね。以前、質問で、低賃金ゆえに脱法ハウスなどに追い込まれる若者の話をして、住宅保障の重要性を訴えたんですが、菅官房長官から返ってきたのは「自助自立」でした。

草太　自助自立でできるならやってますよね。できない部分が国に期待されているわけで。「こういう理由でできません」って言った方が生産的な気がします。政府の側が、「やるんだったら消費税あと1％盛ってください」とか「所得税を何割上げます」とか、「私はそれはあまりいい政策とは思わないのでこちらの方を犠牲にします」とか、具体的に言ってくれれば議論が進むのに、「自助自立」というのはまともに議論しようという言葉じゃないですね。

安倍政権と「自尊心」

草太　議論を見ていると、財政上、いっぱいいっぱいなんだって前提が有権者の中にも国会の中にも蔓延してる気がしますね。それだと新しいことやりましょうと言っても「いやいや」ってならざるを得ないでしょう。「維新の会」が教育無償化、憲法改正と言ってますが、教育無償化に3兆円かかると。3兆円って、消費税1%盛れば出てくるじゃないですか。1%盛って教育無償化されるならまぁいいかって思う有権者って結構いるんじゃないかと思ったりもします。財源問題でみんなが諦めているところが今の閉塞感を生んでいるような気がします。

太郎　不思議だなと思うのは、財政危機を煽られて社会保障カットされるの仕方ないって気分にさせられてるけど、一方で武器は買う。自分たちの好きな買い物はしているという印象がある。

草太　経済的に縮小しているというか、かつてほど勢いがなくなっている日本の局面の中で私が一番気になってるのは、それによって日本人の**自尊心**みたいなものが縮小していることです。強い武器を買うと自尊心を満足させられるので、多少不合理でも喜ばれてしまう。武器を買ってるというより、自尊心を買っているように私には見えます。アベノミクスがなんなのかもよくわかりませんが、少なくとも株価を高くする政策っていうのは**自尊心**をくすぐるんですよね。福祉とか生活保護の分野では、人々の縮小していく自尊心を満足させられない。非常にやっかいですね。

太郎　株が自尊心の満足に寄与するというのは、投資家でなくても?

草太　そうです。

太郎　株価が上がってるってことが高揚感をもたらす。

草太　はい。楽しいんじゃないかと。

太郎　一円も自分に来てないのに。あ、武器も一緒ですね（笑）。

草太　そう考えると安倍政権の政策が支持される理由ってなんとなく説明つくじゃないですか。GDP増えますとか株高くなりますとか武器買いますというのは、自尊心が満足する。「生活が苦しくなった」みたいな反論をしてもあまり支持者に届かないのは、もちろん一部には得してる人もいるんですけど、得はしてないけど**自尊心を高めて満足してる人**が結構いるからではないかと思います。

太郎　なるほど。スッキリした！　スッキリしちゃマズいか（笑）。

草太　スッキリしちゃマズいんですよ。**自尊心って結構不合理な買い物をやっちゃう**ものですからね。

憲法改正の値段８５０億円

太郎　先ほど、維新の会の教育無償化の話が出ましたが、そのために憲法を改正するということも言っています。憲法に書き込まなければ教育無償化は無理なんでしょうか。

草太　憲法で禁止はされていないんで、予算つけて法律作ればできますよね。維新の会の提案について疑問なのは、**憲法改正って一回８５０億円**かかるという点ですね。

太郎　すごい額ですね。

草太　衆議院総選挙って一回６００億円かかるじゃないですか。有権者は一億人いるわけですから、選挙案内を郵送して投票所作って投票用紙用意して数えてってだけでも、一人６００円くらいかかります。憲法改正の場合には、衆議院選挙にはない広報とかをやるので８５０億円かかるというのが、衆議院法制局が出した試算です。であれば、法律でできることをわざわざ憲法改正して８５０億円無駄に使うよりも、８５０億円あれば結構な給付型奨学金できるんですよ。９条改正もそうなんですよね。大した改正じゃない９条改正しようという人に「その８５０億円で戦闘機を買った方が日本は安全になりますよ」って言ったら「そうか……」ってなりますから。改憲には金がかかるってことです。もちろん「やるな」ってことじゃなくて、軍隊をもう一度持つのかとか、天皇制を廃止するのかとか、本当に大事なことをみんなで決める時にはそのくらいのお金かけてもしょうがないと思うんです。でも、70年経ったしそろそろ変えようよみたいな中途半端な気持ちでやるくらいなら、そのお金を国防でも教育でも社会保障でも、そっちに使った方が絶対有意義ですよって。なんで他の問題だとあれだけ財政が逼迫しているのに、憲法改正だと850億円無駄撃ちしていいってなるのか。

太郎　すっきりしてるわー。

自民党改憲草案ってどうなの?

太郎　そんな憲法改正ですが、自民党の改憲草案が出されて、自民党議員が「天賦《てんぷ》人権説（人間は生まれながらに自由、平等で幸福を追求する権利を持つという思想）をとらないことにしました」「国が何してくれるかじゃなくて、国のために私たちに何ができるかって憲法にしてみました」って言ってるんですけど、天賦人権説を取らない憲法というのは、憲法学という視点から見てどうなんでしょうか。

草太　ちょっと正気の沙汰ではないと思いますね。やるんだったら、自民党の皆さんが一度人権をすべて放棄して生活してみればいいんじゃないでしょうか。プライバシー侵害されても一切訴えません、表現の自由を弾圧されても何も言いません、職業が選択できなくても文句は言いません。というようなことをやってみて、「ほらいらないでしょ?」って言うなら私も考えますけど。

太郎　国民に主権があること自体違うんだっておっしゃられた方もいますけど。

草太　国会議員って、日本国憲法に基づいて国民に選ばれているのに、自分で自分を掘り崩しちゃってる。日本国憲法の内容が優れているかより、敗戦の思い出をなんとかしたいというのが彼らの意図なので、そういうことになってしまうんでしょうね。でも憲法を変えたところで、敗戦の事実は変わらない。

太郎　**21条の表現の自由**「集会、結社及び言論、出版その他一切の表現の自由は、これを保障する」のあとに、**自民党改憲案**では2項に「前項の規定にかかわらず、公益及び公の秩序を害することを目的とした活動を行い、並びにそれを目的として結社をすることは、認められない」が入っていますが、これはどうなんですか。

草太　これは、憲法解釈の基本に従うなら、表現行為をさせないって趣旨になりますけど、これも真面目に考えてないいんですね。なんでこんな条文作るんだって聞くと、「オウム対策」って言うんです。現行の21条ではオウムに破防法が適用できなかった、適用できるようにしたい、って。ですが、オウムに破防法を適用できなかったのは、テロの実行後に中心メンバーは捕まっていて、将来の危険を満たさなかったからです。21条が障害だったのではない。自民党改憲草案に関しては、はっきり言って、条文のどぎつさに対して背景にある思想が薄っぺらすぎるので、議論しても生産的なものにならない。

太郎　コメントのパンチ効きすぎててこっちが怖いです（笑）。

共謀罪、秘密保護法、刑訴法改正

太郎　今、治安立法的なものが次々と作られようとしています。共謀罪がテロ等準備罪になり、特定秘密保護法は成立し、取り調べの可視化と言いながら盗聴範囲が拡大され、司法取引を可能とする刑事訴訟法改正がありました。国民の知る権利が奪われ、プライバシーが侵害されるような法律をご覧になってどう思いますか。

草太　特定秘密保護法については、いわゆるリベラルな方々とは私の評価は異なっています。もともとあった国家公務員法の秘密漏洩《ろうえい》罪の「秘密」の定義があまりに曖昧なので、判例の蓄積などを考慮の上で、これを是正するために特定秘密保護法を作ったというイメージがあります。刑訴法改正については取り調べの可視化の範囲が狭いのは心配ですし、共謀罪は、国際条約（国際組織犯罪防止条約）の要請だって説明していたのに、あの条約を結んだために共謀罪みたいなものを作った国は確認されていないという話が出てきてる。怪しいものになる気がしますね。なんか最近の法律って、必要性をうまく説明できないのに無理矢理やってる感じがしますね。治安立法というのは、権力に対する一定の信頼がないと法律のおかしくない部分まで否定されてしまうので。

太郎　治安立法の中にも必要なものはあって、その議論が深まらないままに勢いで通してしまったりすることに問題があると。

草太　そうですね。勢いで通してしまうことに喜んじゃう支持者もいるので。尊厳に関わる部分の話なんですけど、非常に大雑把に言ってしまえば、「反発する左翼を押しつぶしていく快感」。そういう人たちが支持者にいるので乱暴だからこそ好まれているという部分もある。

太郎　満足感を得る。

草太　はい。「太郎さんの首を獲ったー！」みたいのが楽しかったりする人たちもいます。

太郎　ガス抜き効果もあるんですね。

太郎に望むこと

太郎　最後に、唐突ですが今後の活動のためにも、木村先生がオススメする勉強法を知りたいんですが。

草太　（笑）。私、勉強法喋るのあまり向いてないんで。私はですね、好きなものは好きなだけ勉強するんですけど、嫌いなものはあまり勉強しなかったんですよ。勉強というのは、気分が乗っていない時にやっても身に入らないと思います。

太郎　そんな時ありますか。

草太　ありますね。何か問題が切羽詰まらないと。例えば太郎さんも思い出してほしいんですけど、3・11の前に放射能やベクレルのこと一生懸命勉強する気って起きないですよね。でもあれが起きたらそれまでなんの興味もなかった難しい本の内容が頭に入ってくるってことあるじゃないですか。勉強しなきゃいけなくて読んだ時とは全然頭の入り方が違う。なので私は興味を持った時に勉強できる体勢を持っておくと。興味が降ってくるまで待つという感覚が大事だと言ってます。

太郎　スイッチが入る状況を待つということですね。

――それでは、夢のような時間もそろそろ終わりに近づいて参りました。太郎さん、ご感想を。

太郎　ＡＩの技術がすごい進んでいくことになるならば、草太様の頭脳を持ったＡＩが欲しいですね（笑）。すべての政党や政治家、人々に扉を開き、憲法学やそれ以外の視点から世の中を平等に見てお話してくださる姿は本当に素晴らしいなと思いました。時間が止まればいいのにな（笑）。今の私の人生の中で、時間が止まればいいのになって思うのはご飯食べてる時ですね（笑）。あと、質問時間がもう少しで終わりそうって時。今日は本当にお会いできて嬉しかったです。

――では木村さんからは、これから太郎さんに期待することなどを。

草太　ひと際、発信力のある議員の方ですので、これからもご自身の思うところを大切にして、ぜひ、いろんな立場になってものを考えていって頂ければと思いますね。自分が首相だったらこうしたい、ということも、ぜひ考えて頂きたいですね。

――今日はお忙しいところ、本当にありがとうございました。

第7章　山本太郎と愉快な仲間たち

事務所スタッフ紹介

【序章で、議員になったばかりの頃は事務所のメンバー含めて全員が「素人」だったと語った山本太郎。その状況は変わったのかと言えば、現在の事務所メンバーもなかなかに謎な構成だ。

山本太郎事務所で働くのは6人。その他に、日常業務を支えるボランティアの人々がいる。一体、どんな人たちが太郎を支えているのか。

ちなみに国会議員には3人まで公設の秘書がつけられる。政策秘書、第一秘書、第二秘書だ。山本太郎事務所にはこの3人の他に3人の私設秘書がいるという体制だ。「実は百戦錬磨のプロ集団なのでは？」「あのレベルの国会質問作ってる人たちだからそれぞれすごい経歴を持ってるに違いない」。そんな憶測を持つ人も多いはずだが、実際はどうなのか。太郎から見たスタッフと、スタッフから見た太郎。それぞれについて語ってもらった。

※スタッフは、山本太郎のことを「議員」と呼んでいる。】

第一秘書　後藤一輝さん

太郎から見た後藤さん

後藤さんとは2012年頃、作家の広瀬隆さんの紹介で会ったんだと思う。芸能界の事務所辞めて、マネージャー的な人がいなかった時期。それでスタッフ探してた時に広瀬さんに紹介されたんじゃなかったかな。

その時、後藤さんはブロガー。僕もたまに読んでたブログで。スタッフと言っても、現場に一緒に行くことはなくて、スケジュール管理と連絡役。

もともとはブラック企業で働いてたらしくて、そこ辞めてひきこもりになってそこからブロガーになって、インディーズになった役者の手伝いして、そしたらその役者が選挙出るって言い出してそのまま選挙スタッフになって、今は国会議員秘書。華やかな経歴やな（笑）。

やっぱりブラック企業で働いてたことに加えて、僕とは長いってこともあって、すごい怒りが湧いてる時に後藤さんと話すとそのエネルギーを受け流すのが上手（笑）。扱い方をよくわかってる（笑）。一緒にやっててしんどくない。向こうは、同い年で議員と秘書って関係だからしんどいだろうけど。

普段は存在が省エネモード、つまり無駄な争いはしないタイプに感じるけど、彼の中でスイッチが入った時はかなり情熱的ですね。例えば質問する前にいろいろリサーチして作っていくわけですけど、DVに関する質問、外国人実習生に関する質問なんかは、叩き台を見るとえらい力の入った原稿で、燃えてんなー、滾《たぎ》ってんなーってわかる。もう叩き台のレベルを超えて、自分で質問する気？　みたいな。気持ちがすごく伝わってくる。叩き台なのに政府への追及の言葉まで入ってて、それが徐々にヒートアップしてすごい汚い言葉になってる時もある（笑）。「そんなやり方、泥棒と一緒じゃないか」とか、ボールじゃなくて石投げてるような（笑）。内に熱く秘めてるものがあるんだなってことが、そういう形で時々伝わって来るんです。

僕が考えすぎてる時に「そうでもないっすよ」って、雑に慰めてくれたり、そういうタイミングもよくわかってる。本人も一人になる時間が欲しいだろうけど、子育てと忙しい事務所との両立を頑張ってくれてます。素人から政治に飛び込んだスターティングメンバーとして、永田町のレジェンド級秘書を目指してほしいです。

後藤さんから見た太郎

最初はとにかく大変でしたね。まさか国会で働くなんて思ってもいなかったし、議員も僕も国会の中のことなんか何もわからなかったし。

最初の頃は、毎日深夜1時2時まで仕事してました。例えば政策審議会っていうのがあって、上がってくる政策を議員に説明するんですけど、通常国会でも150本くらい上がってくるんですよ。仕事を23時頃終えてから、それを帰りの電車の中で読み始めて、午前1時くらいまで家で読んで、次の日説明して。それを何十回と繰り返しました。

6年間近くで見ていて、すごい頑張ってると思います。あれだけいろんなことにコミットして、勉強して、常に頭動かしてますからね。頭も禿げますよ、そりゃ（笑）。

議員って切り替えが下手なんです。ずーっと考えてるんですよ。たぶん一日中。考えをやめられない人なんです。夜帰ってそこからは考えないとかできない人だと思います。だから肉体的な疲れより、精神的な疲れの方が大きいと思いますよ。

でも、できればもうちょっと頑張ってもらって、大臣くらいにはなって世の中を大きく動かしてほしい。厚生労働大臣にでもなれば、生活保護のこととかできることはあると思うんですよね。

そのためには、仲間を作らないといけない。

この1、2年、国会の中では「山本太郎って意外とマトモなんだ」って人、増えてるんですよ。やっぱり内閣委員会だけだったのが、予算委員会や復興特別委員会でも発言の機会を得られるようになって、質問を見ると、他の議員の先生方は「ちゃんと頑張ってるんだ」って目で見るんですよ。

議員自身は、おじさんキラーだと思います（笑）。年配の、親分肌の先生に好かれる。でも中堅どころ、少し年上の先生には嫌われる。目立つし、質問なんかでも辛辣《しんらつ》に言うからだと思います。「昔の自民党には山本太郎くらいの奴はいっぱいいた」って言われることもあります。今はなかなかいないですよね。小沢代表も、議員のことは好きなんじゃないかな（笑）。元気もあるんで。

秘書の仕事、やめたいと思ったことは何度もありますけど、この仕事は面白いです。

国会議員の秘書をやるモチベーションって、結局は自分がやってることが若干にせよ、国の役に立ってるとか、そこしかないと思うんですよね、ぶっちゃけ。

他の秘書の人も同じこと言うんですよね。秘書ってすごい閉鎖的な世界で、どこもブラック企業的で、議員の先生に理不尽なことを言われたりとかそういうことが多いらしくて、じゃあなんでやるかと言ったら、政策とかに自分の思いを反映できる。若干なりとも国会に意見を言えたりとか。ちょっとは役に立ってるんじゃないかなって思います。だから、そういうところはいいなと思いますね。

議員に期待することですか？　好きにやってもらったらいいと思いますね。どっちにしろ、それをサポートするしかないわけですから（笑）。

政策秘書　岡田哲扶《てつお》さん

太郎から見た岡田さん

岡田さんと会ったのも2012年。選挙出る時に、出るんだったら手伝うよって、最初に言ってくれた人です。元祖タロボラ（山本太郎ボランティアの略）です。

それで2013年に当選したんですけど、その時、岡田さんは別の政党の議員秘書で、いろいろ教えてくれました。受かったはいいけど何もわからないという時に、初登庁の日もついてくれていた。一連のアテンドを、時間が空いてる時にしてくれたんです。別の政党の秘書なのに（笑）。もともと喜納昌吉さんのバンドメンバーだったみたいです。それで2004年に喜納さんが議員になった時に、メンバーから秘書になったらしい。それから他の人の議員秘書もしたり、地方議員に立候補したり、数年前は沖縄そば屋やってました。自由な人ですね（笑）。もともと何者かよくわからない（笑）。

僕自身も何者かわからないですから、共通してるかな（笑）。

一言で言うと、良い意味でゆるい人。癒し系かな。付き合いがいいタイプ。

話をちゃんと聞いてくれる。昔から選挙もやってるし国会の中のこともわかってるから、これからどうしていくかって相談もできる。付き合いも幅広くて、永田町とは関係ないミュージシャンとかアーティストにも人脈がある。国会の中のことだけわかっててもしょうがないんで、俯瞰《ふかん》して見られるとこがいいですね。中も外も知ってるプレイヤーがなかなかいない中、貴重な存在です。

岡田さんから見た太郎

僕はいろんな議員の秘書経験があるんですが、こんなに働いてる国会議員は数少ないと思いますよ。

普通の議員は、いろんな問題について、省庁の役人呼んで話聞いただけで終わりにすることが多いんですけど、太郎議員の場合、とにかく毎日のように「これを調べたい」「これをもっと掘り下げたい」って指示が来るんです。実際、毎日のように街宣をしていて通行人から質問を受ける形でやっているので、「知らない」では済まされない。

最近（2018年10月）だと、徴用工についての判決がありましたよね。その報道を受けてすぐにその件も調べて、街宣で聞かれたら話せるようにスライドも作って準備しておきました。そうしたら、その翌々日くらいに徴用工についての質問が来ました。しかも、太郎議員にわざとそういう質問をして、言質《げんち》をとってやろうみたいな意地悪な質問だったんですね。それなのにすぐにスライドが出て、過去の国会答弁なんかを示しながら説明して、「こういうこととして私は理解しています」と太郎議員が答えるから、質問した人は途中でマイクを置いていなくなっちゃうみたいな（笑）。

国会質問の作り込み方もすごいですね。よく廊下で、前から知ってる秘書さんとかとすれ違うと、必ず聞かれるのが「あの質問、誰が作ってるの？」。みんな、ものすごいシンクタンクくらいのブレーンがいるって思ってるみたいなんですよ（笑）。「事務所のみんなで作ってます」って言うと、本当に驚かれますね。

質問のクオリティの高さは、確実に評価されている。他の議員事務所も気にしているのを感じます。
議員から「秘書にならないか」と声をかけられたのは2018年の9月です。結構悩みましたね。その時は他の先生の事務所にいたんですが、太郎事務所より他の事務所にいた方が業務的には楽なんですよ。太郎事務所に来るというのは、よっぽど覚悟を決めなくちゃならない。だから結構悩んで、タロットカード見られる友達にカード引いてもらった（笑）。そうしたら引いたカードが「迷いを捨てて進め」だったんですよ。これは、いくことが運命なんだなと思って決めました。

議員に期待することは、僕は、山本太郎主導で政権交代したいです。

喜納昌吉さんは2004年に当選して2010年まで議員をしていたので、僕、2009年の政権交代を経験してるんですね。自民党政権から、喜納さんもいた民主党政権に政権交代した。一番楽しかったですね。

でも、政権交代した後の状況もいろいろ見ています。その上で思うのは、やっぱり幹部だけじゃなくて、全員が素晴らしいメンバーで政権交代をしないと霞ヶ関の牙城は崩せない。それを崩すためには、政治の業界の人じゃないんですよ。やっぱり市民から出てきた人がリーダーになるべきだっていうことは痛感しました。

山本太郎だからできることが、たくさんあると思います。

第二秘書　中田安彦さん

太郎から見た中田さん

存在を知ったのはTwitter。政治に対してすごい嫌味を呟いてる人がいて、保守も革新も両方腐《くさ》してるんだけど、言ってることはすごいポイントついている。それで興味持ったんです。140文字の中でコンパクトにまとめてキャッチーに伝えるって、質問時間が短い中で重要な力だから、一回お食事でもって、DMして（笑）。経歴的には、新聞社にいたあと、副島隆彦さんの研究所にいて、本も何冊か出している人です。

それで会って、相性もあるからまずは試用期間ってことから、もう1年以上経ちます。今はもちろん本雇いですよ。

政策秘書って資格が必要で狭き門なんだけど、資格取ってみたらどうですかって話したら、試験にも受かったんです。

中田さんはやっぱり自分が本を書いたり編集したりしてきたこともあって、情報処理能力がすごく高い。例えば質問をする時に、必ず専門家に話を聞く。でも、どの専門家がいいかわかりませんよね。そんな時に候補となる専門家の論文や本を片っ端から読んでくれて、Aさん、Bさん、Cさんの意見をまとめてくれる。あと、リサーチ力も高い。今までの質問では、TPP、PFI（公共施設の「民営化」）なんかも担当しました。

頼りになります。今、中田さんがいなかったら事務所回ってないと思う。今は政策秘書ではなく第二秘書ですが、経験を積んでいただいて、こちらの仲間を早く増やして政策秘書に座って貰いたい。将来的には永田町で有名な秘書になれる人だと思います。自分のグループを持てたら、そこの戦略担当として加わってほしい人です。

中田さんから見た太郎

２０１７年の6月頃、通常国会が終わるか終わらないかの頃、突然議員からTwitterにＤＭが来ました。「飯でも食いたい」と。私はアメリカ政治研究をしている他、グローバル経済の仕掛け人についての研究をしてました。いわゆる「ジャパンハンドラーズ」（アメリカの対日政策立案者）などについての本も出しているので、その辺のことについて知識がほしいという感じなのかなと思って行きました。著述業をやってきたので、時々、政治家の方に話を聞きたいと言われることもあるんです。ですが行ったら秘書の人もいなくて、議員一人だった。いろいろ話していたら、「秘書になってみませんか」と。この人は冗談を言ってるのかなと思ったんですけど、本気だった。

山本議員に会ったのは初めてではなくて、実は２０１３年の選挙で当選した直後にも一度だけ会ったことがありました。人の紹介で、これから政治家になるにあたってどのようなことをしていけばいいかというような相談を受けたので、アメリカと日本の関係などについてご説明申し上げたことはあったんですね。

それからだいぶ時間が経って突然連絡が来て、「秘書にならないか」と。私は外から永田町を見ているのが仕事だと思っていたのですが、２０１７年11月から秘書になりました。もちろん、議員秘書は初めてです。

秘書になる前は、参議院議員の事務所というのは衆議院と比べたらそんなに忙しくないんだろうなと思っていたんですが、これが甘かった。50人、１００人国会議員がいる党だと、質問の順番もそんなに回ってこないのでそんなに忙しくない。ところが自由党という政党は6人で、社民党と自由党の参議院の会派「希望の会」も6人（２０１８年11月時点）。少ないので、委員会では毎回質問をしなければならない。

締め切りが毎週来るような、週刊誌のようなペースですね。同時にワイドショーの製作スタッフみたいな部分もあるかもしれません。山本太郎という人の国会質問には、演出がありますから。面白く作らなくちゃいけない。質問の数がとにかく多いので、テンパる時は事務所全体がテンパります。でも、それが終わったあとは、コカコーラを飲んだかのような爽やかさ（笑）。本を書き上げた時の爽快感によく似ていますね。

仕事内容は、質問作りや調査、勉強会に議員の代理で出席したりと様々です。著述業は今のところお休みしていますが、二足のワラジを履けたらとも思っています。永田町には結構そういう方いらっしゃいますんで。

山本太郎という人は、政治家らしくない人ですね。怒ってる時は怒ってるし、穏やかな時は穏やかだし、それがすぐわかっちゃう人。政治家の中には、普段はニコニコしてるのに、突然豹変する人とかいるじゃないですか。そういうところはまったくない。わかりやすいというか、感情が表に出る人。わからないことはわからないって言うし、有権者にも嘘をつかないから、そういうところが人気の秘訣なのかなと思います。

政策としては、世界的な左派の潮流を日本で一番取り入れている人だと思います。「金持ちに課税しろ」という方向にしても、イギリスのジェレミー・コービンなんかの政策を非常にうまく取り入れている。

山本太郎という人は、世代的にも「失われた20年」で貧乏くじを引いた「ロスジェネ世代」の国民の代表。型破りなスタイルでもワンアンドオンリーだと思います。ただ、ワンアンドオンリーであるだけでは、政治は変えられない。冷酷な話ですけど、「数は力」ですから。時には妥協も必要かもしれないし、友達を増やしていくことも必要かもしれない。例えば法案を提出するにしても、議員立法では賛同する議員が最低でも10人いないと出せない。そこの根回しですね。言ってることは正しいけど、それをどうやって実現するんですか、と突っ込まれないようにしないといけない。

これから、超高齢政治家が次々と引退していく中で、残った中堅世代の中でキーパーソンとなるような立ち振る舞いをするということが、政策実現という意味においては絶対に求められると思います。

私設秘書　吉度模彌《もや》

太郎から見た吉度さん

模彌さんは２０１８年6月に事務所に入ったルーキー。今29歳で、事務所で最若手。出会いは「太郎カフェ」です。人集めてくれたらどこでも喋りに行くっていう出前をやってて、そこに来てくれていた。リサーチとかできる人材が事務所に欲しいって話をしてたら、その場にいる人のほぼ全員が、「彼がいい」みたいな話になった。

もともとミュージシャン（ギタリスト）で、フジロックに出たり、海外ツアーへ行ったりもしながら音楽と両立できるＩＴ系の仕事をしていたそうです。うちはネットに強い人も欲しかった。でも一番重要なのは質問のためのリサーチ力。「調べました」って言って、内容が間違ってる場合もあれば浅すぎる場合もある。それをしつこく何回も調べて深めていくんですが、模彌さんの場合は勝手に深く調べてくれる。放っておいたら、最後の最後のガチーンと当たるような、掘れなくなるところまで掘って調べてくれている。

これまで関わった質問の一つは、安倍火炎瓶（安倍首相が過去、暴力団とつながりのある人物を使って選挙妨害を依頼したという疑惑。安倍首相の家に火炎瓶が投げ込まれた）です。

あの件はファクトが弱いと絶対できなかった。それを掘って掘って、地方裁判所の判決書があることを発見して、最高裁と連絡とって持ってきた。今考えると入って一カ月くらいで安倍首相への質問作らせるってすごい事務所や（笑）。

あの時、質問が重なってて、一週間に四つくらい質問をしなくちゃいけないことが重なった。後藤さんがとうとう倒れて出勤できなくなって、カジノ法案では最終で総理入り、復興特別委員会もあって、その間に、カジノ法成立させないためにフィリバスターもやるし質問時間を引き伸ばしたりもした。それで次々と倒れていくみたいな中、模彌さんが国会質疑に耐えられるラインを担保してくれた。大きかったな。あれなかったら質問するのは難しかった。できても質が保てなかった。将来有望だと思います。秘書としてもいい線いけますね。質問作りも丁寧だし。この事務所の中で唯一、政治家として出られる人じゃないかな。

吉度さんから見た太郎

議員に対しては、現実を直視する人だなっていう印象を持ってました。今起きている社会のさまざまな問題について、話を聞くと心がずっしり重くなるようなことにも目を背けず、しっかりとインプットして、それをアウトプットしている。

出会いは「太郎カフェ」ですが、その半月後くらい、議員に自らプレゼンしに行ったんです。自分はこういうことできます、と。コンテンツを作ったり、ネット関係のプロモーションができるとか、もともと政治オタクなのでリサーチ力もありますとか。以前にイベントのオーガナイザーなんかもしていましたとか。それで秘書になりました。

身近にいて、やっぱりすごく刺激を受けますね。まず、ものすごく勉強熱心。目の前に出てきた課題に対して、愚直なまでに資料を読み込んで調べ物して、それを発信することに関しても妥協がない。よりわかりやすく、伝わりやすく表現するための、一文字一文字のこだわりが尋常じゃない。

秘書になってからひとつ新鮮だったのは、議員が熱くなってることについて、よく世間では「演技じゃないか、役者だし」って言われることがあるんです。でも、本気なんですよね。それがわかった。

議員とそういう話をした時に、俳優をしていた頃の話になりました。ひとつのテーマに意識を向ければ向けるほど、感情が倍増されるっていうのが特性であるみたいで。だから演技をするというよりは、意識の向け方・集中力なんだろうな。感性と集中力が、ずば抜けて強いのだと思います。

今、毎日のように接してみて感じるのは、エネルギッシュな人って、粗《あら》い人が多いじゃないですか。それはあくまで僕の知る限りですけども。だけど議員は理性的であろうとものすごく努力しているし、細やかな気遣いや他者への配慮、優しさや思いやりがすさまじい。そこがすごい魅力ですね。なかなかできないことだと思います。

火炎瓶の質問に関しては、過去の地方紙を取り寄せたりとかいろいろリサーチしたんですけど、そこまで準備できたのは、あの問題をずっと命がけで追い続けてきてくれたフリージャーナリストの方々の力があってこそです。その方たちの発信がなかったらできなかった。それは言っておきたいですね。

議員に期待することは、そのままで、ってことですね。

いろんな方々が山本太郎に期待して、「これを解決してほしい」といろいろ持ち込んでくださることもあるんですけど、自分の地元の問題だったら、地方の議会に関心を持って動いた方が効果的なこともあります。それはぜひ、試していただきたいですね。

私設秘書　岡田歩《あゆみ》さん

太郎から見た岡田歩さん

岡田さんの奥さんです。入ったのは模彌さんと同時期。前から知ってます。

沖縄そば屋のおかみさんだった時も（笑）。

ポスター貼り、街宣、ボランティアとの関係とか、外回りの仕事やって貰ってます、選挙が近いので。

この6年、質問作りに全てを懸けてきて、事務所として一番手薄だったパートを担当してくれてます。永田町は、精神的にかなり削られるしんどい世界です。シリアスな話が多いしハラスメントとか足の引っ張り合いがある中で、歩さんはほっとさせてくれる存在。全然永田町と違う価値観の人がいてくれるのはほっとする。たまに生姜茶《しょうがちゃ》出してくれたり、被災地行くってなると「疲れたら舐めて」って味噌持たしてくれたり。おばあちゃんちに来たかのような錯覚に陥る（笑）。自然派です（笑）。

ムードメーカーにもなれる人だと思うな。

岡田歩さんから見た太郎

2018年5月に秘書になりました。

沖縄そばの店をする前は、派遣でアパレル関係の仕事をずっとしていて、国会議員の秘書の仕事というのは、まったくの未知の世界ですね。

議員については、本当に繊細な方だと思います。

質問作りの時とか、真剣に取り組んでいる姿を見て、こんな国会議員は他にいるだろうかと思いました。

議員は当選した時も無所属で一人でしたが、今も一人だな、と感じることはあります。見ていてちょっと寂しくなることもあります。

結局、本当に命懸けて政治家やってるのは、山本太郎しかいないんじゃないかっていうのはすごく思いますね。

議員に期待することは、もうこれ以上期待はできない。なので、周りが成長していかなければならないと強く思います。頼ってばかりじゃダメなので、自分たちも同じ土俵に上がれるくらいになるまでモチベーション上げていかなくちゃいけないですね。

私設秘書　辻佳奈子さん

太郎から見た辻さん

後藤さんと同期です。つまり、当選してすぐにうちの事務所に入った人。

2012年の選挙の時にボランティアで来てくれて、その時、「仕事できる人」って話題になって、2013年にまた選挙出る時にも来てくれた。

それで事務方として選挙にがっつり入ってもらったんです。当選してからはすぐ、事務所に入ってもらいました。

一言で言うと、真面目でまっすぐ。めんどくさいくらいまっすぐ（笑）。でも、古くから応援してくれている人たちとしっかり繋がってるから、その声をちゃんと伝えてくれる。事務所メンバーが比較的ゆるい人が多い中で、しっかり締めてくれる人。その中で、事務所の問題点を定期的に教えてくれる人かな。真面目で仕事ができる人です。

うちの事務所に来る前は、派遣で事務をしてたみたいです。そういう意味では、自由人が多い事務所の中で、唯一普通の社会人経験をしている。一般社会人常識持ったただ一人の人かもしれない（笑）。だから真面目で定期的にいろいろ言ってくれて、「それ、忘れてた」ってことを伝えてくれる。ありがたい存在です。

辻さんから見た太郎

3・11の原発事故で、こんな政治だめだ、とにかく脱原発をしたいって思っていたので、山本太郎が立候補するって知って、この人を応援すれば変わっていくんじゃないかって、選挙ボランティアになったんです。2012年の選挙の、最初のポスター貼りから参加しました。

　ちょうどその時、私は派遣切りに遭《あ》って無職だったんです。2012年の選挙では落選してしまって、悔しくて、2013年の選挙の時もボランティアとして入りました。前の選挙で、私自身が、もうちょっとやれば受かったんじゃないかって思いもあって、「事務やってくれないか」って言われて、引き受けました。本当はちょっと嫌だったというか（笑）、選挙のボランティアって、外に出る人の方が花形なんですね。議員の演説を聞きながらビラを配ったりする方が花形で、事務って地味で、事務所でずーっと電話取って苦情とか聞かなきゃいけない。だけど誰かがやらなきゃいけない。他の人が嫌がるような仕事を自分がすれば受かるんじゃないかって思ったので、結局、がっつり入ることになりました。派遣でもやってきたので事務の仕事自体は、全然苦じゃないんです。結局、ボランティアで選挙期間中、毎日通って、徹夜も二回くらいしました。

　皆さんの応援があり、当選したわけですが、自分がこの事務所に入ることになるなんて思ってもみなかったです。当選したら、もうワーッとたくさんのプロフェッショナルな人が来るんだろうなと思っていました。でも実際はそうではなく、後藤さんから「入ってくれると助かるんだよね」って言われて驚きました。それで今に至る感じです。

　最初は、無所属だから教えてくれる人もいないし、全部手探りでやっていく感じでした。いろんな人に聞きながら相談して、なんとか形になっていった。

　6年間近くで見ていて、やっぱり成長してると思います。最初の頃は、やっぱり芸能人だなあって思うような場面もありました。それが自由党に入ったくらいからかな？　だいぶ変わってきた。大きな委員会に立つことも増え、さらに質問に全力投球になっていきましたね。

　質問は、前日の夜中まで準備していて、質問当日の朝から、委員会の自分の時間まで諦めずにずっと直している。あまりにも最後の最後までこだわりすぎて、諦めないのはいいんだけど、もう次の質問も待ち受けているので、連日それが続くと議員の身体がもたない。もうちょっと自分の身体を労《いたわ》ってほしいと思います。質問だけじゃなく、議員は一から十まで全部自分でやろうってとこが若干あるんですよね。でも、この部分は人に任せるということをしてほしいと思います。もう、チラシの枚数とか細かい部分まで全部自分でやろうとしたら、人間、限界がある。人に任せることによって信頼関係もできてくるから、全部をやろうと思わないで、そこはみんなで成長していきたいと思いますね。心配してくださってる人を大切にしてほしいと思います。

国会に、これほど行動力がある人もなかなかいないと思うので、しがらみもないし、本当に必要な存在だと思います。

【ここまで読んでわかる通り、山本太郎事務所の面々もなかなかに強烈である。

そもそも前職がブロガーとか沖縄そば屋とかギタリストとか、およそ「政治家の秘書」から連想するものとはかけ離れた人たちだ。しかも太郎のスカウトの仕方も「Twitter でＤＭ出した」とか、あり得ない採用方法ではないか。

ちなみに山本太郎事務所に入るにあたって学歴、職歴などはまったく不問とのこと。なぜなら、議員本人が「中卒みたいなもんだから」（高校中退）ということだ。】

あとがき　ホームレスから大物政治家まで

雨宮処凛

２０１２年12月、山本太郎が初めて選挙に出た時から、応援してきた。

初めて会ったのはその少し前、原発事故などを語るイベントだったと思う。「活動家デビューしたての同世代」を、心強くも感じていたし、どこか危うさを感じてもいた。

だからこそ、２０１３年夏、当選してからは「製造物責任」（選挙を応援した一人としての責任）をまっとうするため、貧困問題などについて専門家を紹介し、現場を案内したりもした。

あれから、６年。「原発事故への怒り」で気持ちばかりが前のめりだった山本太郎は、びっくりするほど勉強熱心で、謙虚に人々の声に耳を傾ける政治家に「化けた」。

そんな山本太郎の６年間を振り返る取材は、とにかく楽しいものだった。

何しろ都内の公園で野宿をする人にテント小屋の前でインタビューしたかと思ったら、その数日後には議員会館で小沢一郎氏にインタビュー。脱被曝デモの打ち上げで取材した際には、原発事故によって人生を狂わされた人々の話に、みんなでただただ涙を流した。泣くことしかできなかった。ホームレス、被災者、避難者、ＤＶ被害者支援をする女性、被災地支援に駆け回る人、生活保護問題に取り組む弁護士、イラク支援を続ける人や戦場ジャーナリスト、入管収容所にいる外国人、経済学者、憲法学者などなど本書に登場する人はあまりにも多岐にわたる。それがなんとも山本太郎らしいではないか。

本文で入れたくても入れられなかったエピソードとして書いておきたいのは、太郎が小泉進次郎議員の事務所を訪れた際、「居留守を使われた」というものである。あの二人の関係性を象徴するエピソードだ。私がもし進次郎氏だったら、同じことをするかもしれない。だって、関わるとメンド臭そうなんだもん。そして同業者に「関わるとメンド臭そう」と思われる政治家は、大抵の場合、庶民の味方である。

最後に。山本太郎の前著『みんなが聞きたい　安倍総理への質問』（集英社インターナショナル）に、私は以下のようなコメントを寄せた。自分でも気に入っているので、もう一度、ここに書いておきたい。

世界を変えるのは、いつの時代も「空気を読まないバカ」である！

スペシャルサンクス筑摩書房の井口かおりさん、この本のファクトチェックに大活躍してくれた山本太郎秘書の吉度模彌さん、装丁家の倉地亜紀子さん、取材にご協力頂いたすべての方々、そして、この本を手にとってくれたあなた。

あとがき

山本太郎

最後まで付き合ってくれてありがとうございました。

参議院議員の6年の間にたった一人の議員であっても、山本太郎ごときであってもやれることはいろいろある、と確認して頂けたと思います。

これが10人、20人となればかなり世の中を動かせる。それどころか、政権を取れば本当に国を変えられるんです。


何度でもやり直せる世の中、優しい世の中に生きたくないですか？

そんな理想論よりも現実を見ろ。リアルに対応するのが政治だろ、っておっしゃる方もいらっしゃいます。その現実を作ったのはこれまでの政治です。

それを変えられるのも政治だと私は考えます。


政治はパワーゲーム。

自分たちと考え方が近い代理人、自分たちが求めることを押し進めてくれる代理人を、数多く送り込んだ側が優遇される仕組みです。

それが偏《かたよ》りすぎないように、少数者の意見もしっかりと汲み取って、政策に反映するのが民主主義ですが、残念ながら、今の政治はほぼ100%、大企業やお金持ちのための政治しか行われていない。

一部の人間のための政治で多くの人々が犠牲になるような現状を変えるためには、今苦しい人生を歩んでいるあなたや、将来に不安を抱えるみんなが、力を合わせてパワーゲームに勝つ以外ありません。

つまりは選挙に勝って、自分たちの代理人を議会に多く送り込むこと。

権力を取れば、どんなに無茶苦茶なことも推し進めることができる。ここ数年で私たちが学んだことではないでしょうか。

誰もが不安なく生きられる社会を作ることは難しくなんてない。だってその逆を全力で実現してきたのがこれまでの政治なのだから。


私はこう見えて人見知りです。人は好きだけど、人と絡むのが得意ではありません。人と話す時には緊張します。会話が続くかな、など余計なストレスを感じてしまうので、人と接することは苦手です。

でも、世の中を変えたい、という気持ちになってからは、人見知りの自分は横におきました。面倒でもなんでも、人と関わったり、話すことをしなければ、現状を変えられない。なので、人見知りはいったんお休みしました。


あなたの言葉で、最大限に嚙み砕いて、政治によって進行する数々の不条理を、近くの人とシェアしてもらえませんか？

どのテーマなら、目の前の人が興味を持ってくれるのか。

丁寧にうっすらでいいから、**今日よりも明日、今週よりも来週、同じ気持ちになってくれる、一つの**

テーマでも共感してくれる人をあなたが増やすキーマンになってくれませんか？

あなたが自分一人では何もできない、って洗脳から解かれたとき、この国は変えられる。

あなたがそれを望めば。


あなたがいなきゃ始まらない。


国を変える力を結集するには、あなたがいなきゃ始まらない。

あなたの力を貸してくれませんか？

略歴

山本太郎（やまもと・たろう）

1974年兵庫県宝塚市生まれ。90年高校1年生時に『天才・たけしの元気が出るテレビ‼』の「ダンス甲子園」に出場し、芸能界入り。91年、俳優デビュー。映画『バトル・ロワイアル』（00年）など数々のヒットドラマ、映画に出演。また、俳優の仕事以外に『世界ウルルン滞在記』などでの体当たりレポートでも人気を博す。『光の雨』、『GO』で01年度日本映画批評家大賞助演男優賞を、『MOON　CHILD』、『ゲロッパ！』、『精霊流し』で03年度ブルーリボン賞助演男優賞を受賞。最近では、山本太郎を追ったドキュメンタリー映画『ビヨンド・ザ・ウェイブス』（ベルギー、18年）に出演。11年3月11日に発生した東日本大震災の後、4月より反原発活動を開始。13年7月、参議院議員選挙に東京選挙区より出馬、666、684票（11・8％）を得て当選。14年12月、政党「生活の党」に合流。その後、「生活の党と山本太郎となかまたち」に改称、共同代表に。16年10月、政党名を「自由党」に改称、共同代表。19年4月、「れいわ新選組」を旗あげ、7月の参院選で政党要件を満たす。原発問題、被曝問題、TPP問題、労働問題、社会保障制度改革、人々のための経済政策、表現の自由に関わる問題等に特に深く関わり活動中。主な著書に、『母ちゃんごめん普通に生きられなくて』（ぴあ、98年）、『山本太郎　闘いの原点――ひとり舞台』（ちくま文庫、16年）［『ひとり舞台――脱原発―闘う役者の真実』（集英社、12年）を文庫化］、『みんなが聞きたい　安倍総理への質問』（集英社インターナショナル、16年）がある。

雨宮処凛（あまみや・かりん）

1975年北海道生まれ。作家・活動家。フリーターなどを経て00年、自伝的エッセイ『生き地獄天国――雨宮処凛自伝』（太田出版、ちくま文庫）にてデビュー。06年から貧困・格差の問題に取り組む。著書に『「女子」という呪い』（集英社クリエイティブ、18年）、『非正規・単身・アラフォー女性――「失われた世代」の絶望と希望』（光文社新書、18年）など多数。07年出版の『生きさせろ！――難民化する若者たち』（太田出版、ちくま文庫）にてJCJ賞（日本ジャーナリスト会議賞）受賞。

僕《ぼく》にもできた！　国会議員《こっかいぎいん》

二〇一九年四月十日　初版第一刷発行
二〇二〇年一月十日　初版第四刷発行

著者　山本太郎（やまもと・たろう）
取材構成　雨宮処凛（あまみや・かりん）
発行者　喜入冬子
発行所　株式会社筑摩書房
東京都台東区蔵前二―五―三　〒一一一―八七五五
電話番号　〇三―五六八七―二六〇一（代表）
印刷製本　三松堂印刷株式会社

ISBN978-4-480-86466-6　C0031